ALL ABOUT HISTORY 萤火虫

HISTORY OF AUSTRALIA

澳大利亚简史

[英] 阿普里尔·马登 编著

张建威 张秋实 译

中国画报出版社·北京

图书在版编目（CIP）数据

澳大利亚简史 /（英）阿普里尔·马登编著；张建威，张秋实译. -- 北京：中国画报出版社，2022.12
（萤火虫书系）
书名原文：ALL ABOUT HISTORY:HISTORY OF AUSTRALIA
ISBN 978-7-5146-2165-5

Ⅰ.①澳… Ⅱ.①阿… ②张… ③张… Ⅲ.①澳大利亚－历史 Ⅳ.①K611.0

中国版本图书馆CIP数据核字(2022)第186856号

Articles in this issue are translated or reproduced from All About History: History of Australia First Edition and are the copyright of or licensed to Future Publishing Limited, a Future plc group company, UK 2021.

北京市版权局著作权合同登记号：01-2022-4878

澳大利亚简史

【英】阿普里尔·马登 编著   张建威 张秋实 译

出 版 人：方允仲
审　　校：崔学森
责任编辑：李　媛
内文排版：郭廷欢
责任印制：焦　洋

出版发行：中国画报出版社
地　　址：中国北京市海淀区车公庄西路33号　邮　　编：100048
发 行 部：010-88417360　010-68414683（传真）
总编室兼传真：010-88417359　版权部：010-88417359

开　　本：16开（787mm×1092mm）
印　　张：10.75
字　　数：186千字
版　　次：2022年12月第1版　2022年12月第1次印刷
印　　刷：北京汇瑞嘉合文化发展有限公司
书　　号：ISBN 978-7-5146-2165-5
定　　价：65.00元

欢迎追溯澳大利亚史

任何国家的历史要浓缩成一本书都很困难，更何况是幅员广袤辽阔、土著文化斑斓、欧洲风情浓郁、披荆斩棘开拓、不懈奋发进取的澳大利亚。无论是战争年代还是和平时期，短短几百个寒来暑往，澳大利亚从一个自给自足的岛屿大陆走上了世界舞台。这段旅程并非没有挫折、失足，间或甚至还走上了歧路，但这也是一个极其曲折的发展历程。从挑战大英帝国对自己命运的操弄（同时保持友好关系）到保护自己和盟友免受入侵，从尝试一洗过去的殖民罪孽到尊崇多元文化，一言以蔽之，《澳大利亚简史》向您讲述的就是一个传奇故事。

目　录

- 6　回眸澳大利亚
- 9　澳大利亚土著史
- 20　南方大陆：发现澳大利亚
- 28　澳大利亚：罪犯流放之地
- 40　澳大利亚殖民冲突
- 50　澳大利亚淘金热
- 63　澳大利亚国宝
- 66　奈德·凯利：丛林大盗还是绿林好汉？
- 76　澳大利亚联邦
- 82　白澳政策的五大惊人真相
- 84　定居澳大利亚
- 88　布尔战争
- 92　维多利亚十字勋章英雄：约翰·比斯迪
- 98　第一次世界大战中的澳大利亚

100	维多利亚十字勋章英雄：亨利·达尔齐尔
106	轻骑兵突击
118	突袭尼克："血腥大屠杀"
127	主权国家
130	飞行医生史
137	第二次世界大战中的澳大利亚
141	命悬一线
153	新澳大利亚人
158	澳大利亚艺术与文化
164	土著人权利
166	名人堂：澳大利亚土著人

回眸澳

土著人的丰富历史和数百年殖民统治塑造了世界上最多样化的国家之一——澳大利亚。

土著人到来

第一批土著人在最后一次大冰川期从东南亚乘船，抵达直到17世纪才被世人发现的澳大利亚。

欧洲人登陆

已知首次登陆并发现澳大利亚的欧洲人是荷兰探险家威廉·扬松（Willem Janszoon）。17世纪，众多荷兰旅行家抵达该地探险，他们把这块大陆称为新荷兰。

约公元前50000—前45000年 | 1606年

第一次世界大战

4900000
420000   60000

尽管当时澳大利亚人口只有490万，但参战志愿者竟达42万，阵亡6万人，其中包括在奥斯曼帝国加里波利（Gallipoli）历时8个月的战斗中阵亡的8141人。一年一度的4月25日澳新军团日（Anzac day），纪念的就是加里波利半岛的首次登陆作战。

澳大利亚建国

6个英国殖民地结盟的呼声喊了多年，遵奉同一部宪法、由新联邦政府治理的澳大利亚联邦才应运而生。

罪犯流放结束

在自由中产阶级定居者的强烈反对下，罪犯流放告一段落。被流放到澳大利亚各地的罪犯逾15万名。

1914年 | 1901年 | 1868年

大萧条时期

在全球经济衰退的大背景下，难能独善其身的澳大利亚遭受沉重打击，转而从体育狂热中寻求些许宽慰。1月6日，21岁的板球运动员唐·布拉德曼（Don Bradman）在悉尼谢菲尔德盾（Sheffield Shield）杯板球赛中一场就打出了452次未出局的世界纪录。

达尔文之战

"二战"期间，澳大利亚为同盟国提供了巨大支持。242架次日本军机对达尔文进行了狂轰滥炸。这是澳大利亚本土遭受的最大规模的外国攻击。

2月19日，日本对达尔文的空袭摧毁飞机30架，击沉舰只11艘，炸伤船只25艘。

移民潮

"二战"之后，数十万欧洲和中东移民来到澳大利亚。许多人在蓬勃发展的制造业中找到了工作。

1930年 | 1942年 | 20世纪50年代

大利亚

澳大利亚土著人
- 多达100万土著人生活在澳大利亚各地
- 这些人分成300个部族
- 他们讲250种语言

700年

英国人到来
英国船长詹姆斯·库克（James Cook）将"奋进"（Endeavour）号系泊在植物学湾（Botany Bay）。他们为英国绘制完新荷兰东海岸地图后回国，计划建立一个罪犯流放殖民地。

1770年

第一支船队抵达
由11艘船组成的英国船队抵达悉尼港。船上搭载1000余名定居者，其中包括778名罪犯。

1788年

约翰·麦克道尔·斯图尔特（John McDouall Stuart）穿越澳大利亚

这位探险家成为第一位从南向北穿越澳大利亚中部的欧洲人，为发现乌鲁鲁（Uluru，亦称艾尔斯岩）和卡塔丘塔（Kata Tjuta，亦称奥尔加山）铺平了道路。

1871—1872年，沿斯图尔特探险路线修建了澳大利亚大陆电报线（AOTL）。

1862年

淘金热
从亚历山大山运出110万千克黄金

澳大利亚人口几乎是原来的4倍
- 200万
- 150万
- 100万 — 430000
- 50万
- 1851　1861　1871 — 170万

29万英国人移民维多利亚

1851年

城堡山（Castle Hill）囚犯叛军首领菲利普·坎宁安（Phillip Cunningham）曾参加过1798年爱尔兰起义。

城堡山叛乱
在英国殖民地新南威尔士，罪犯与殖民当局发生激烈的武装冲突，后遭武力镇压。这在澳大利亚历史上是第一次也是唯一一次。

1804年

悉尼歌剧院投入使用
位于悉尼市中心的一流表演艺术中心悉尼歌剧院是现代世界最具标志性的建筑之一。

1973年

奥运会
悉尼举办夏季奥运会，赢得了世人的赞誉。在开幕式上点燃奥运圣火的澳大利亚土著运动员凯西·弗里曼（Cathy Freeman）摘取400米项目金牌。

2000年

首位女总理
工党领袖朱莉娅·吉拉德（Julia Gillard）成为澳大利亚历史上首位女总理。在联邦选举产生无多数党议会后，吉拉德组建了一个少数党政府。

尽管出生在威尔士，但吉拉德在1998年进入澳大利亚议会前不久放弃了英国国籍。

2010年

▲ 澳大利亚土著人拿着回力镖（boomerang）摆姿势拍照

澳大利亚土著史

早在欧洲殖民之前,澳大利亚就是土著人的家园。
祖祖辈辈居住在这块岛屿大陆上的他们秉承着丰富
鲜活的口述历史传统,世代讲述着这片土地上发生的故事

查尔斯·金杰

澳大利亚的人类史至少可以追溯到65000年前。虽然人类学家在第一批人类究竟何时、怎样到达这里的细节问题上可能分庭抗礼,各执一词,但可以肯定的是,这些先驱很快就学会了如何与时而慷慨馈赠、时而严苛无情的大自然和谐相处。这个大陆上的景观和独具特色的动植物种群在土著民族的神话、传说和口述历史中留下了不可磨灭的印记。

梦创时代

原初伊始,黑暗一片,那是一个连生命谣言都没有的混沌未开的深渊。然而65000年前,漆黑中生命的精灵乍现,一个美丽、旋转的梦想就此生发开来,永远不再完结。

一团炽热的火焰喷薄而出,照亮了精灵躁动不安的视野。接着狂风大作,无情大雨倾泻而下。随着梦想的彰显,这些强大的乱象相互碰撞起舞,彼此纠缠冲突。最终,筋疲力尽的它们缓缓退下,谦恭地让位给天空、海洋和陆地,从此

风清景明,气象万千,世界逐渐形成。角逐竞力的能量耗尽了生命的精灵,而生命的精灵反过来又让造物主带着梦创秘笈一起回归大地。

梦创秘笈首先潜入班帝鱼(Barramundi)的魂灵,灌输给其沉睡宿主,然后传给了乌龟(Currikee),接着是蜥蜴(Bogai)和鹰(Bunjil)。乘着苍鹰的翅膀,梦想飞上了天空。负鼠(Coonerang)和袋鼠(Gangurru)后来也获悉了梦创秘笈,然而每一种生物都只希望能看到天空、树木和平原,因为那里有它们的家园,但都无法真正理解梦创秘笈。

伴着耳畔回荡的乐曲和笑声,袋鼠把秘笈传递给了最后传承者——人类。沉浸梦创之中的第一个男人和第一个女人目睹了眼前的大千世界,也见证了这块土地上第一个婴儿的降生。

眼见梦创秘笈最终得以破解、人类意识到自己肩负的精神伴侣守护者的使命,生命的精灵心满意足地蛰伏下来,在大地里安息。无数精灵踏上过无尽之旅,只有生命的精灵

青蛙提达利克

正如土著洞穴艺术和口述历史所证明的那样，澳大利亚历史充满着奇妙的创造故事，绘声绘色地讲述了世界的成因。其中就有一个关于青蛙提达利克（Tiddalik）的传说。

一天早上，醒来的青蛙提达利克感到口渴难耐。它把能找到的每一滴淡水都喝进了肚里。最后，这只青蛙喝干了每一个湖泊、每一条河流和每一个水坑。这回轮到其他生物口干舌燥、焦渴无比了。如果不能说服青蛙把水吐出来，大家谁都别想活下去。

人类和野兽召开了一个联席会议，试图寻求一个解决方案。经过一番热烈的讨论，一只聪明的老猫头鹰突然灵机一动，想出了一个高招：让提达利克大笑。

各种各样的动物围着这只巨大的青蛙轮流跳舞、唱歌，插科打诨来取悦它，但正襟危坐的提达利克就是无动于衷。澳大利亚林林总总的生命似乎都在劫难逃。这时，一条鳗鱼边爬边扭动起来，动作十分怪诞。

当鳗鱼以直立旋转的姿势结束表演时，提达利克再也无法自已。他张开大嘴发出一连串雷鸣般的笑声。大水海啸般从它抖动的肚子里奔涌而出。大地上的湖泊和河流再次波光粼粼、碧波荡漾起来。世上的生命得救了。

▲ 这尊重达9吨的青蛙提达利克花岗岩雕像位于昆士兰州东南部的沃里克（Warwick）镇附近

第一次心有所系，情有所归。

根据土著人历史记载，宇宙和我们居住的世界由此开创。还有人称诸如彩虹蛇等巨大造物主帮助创造了河流、丘陵和山脉，为生命提供了肥沃的土地。传说彩虹蛇生气时的样子令人望而生畏。彩虹划过天空之际，其实就是这条古老的蛇从一个水洞向另一个水洞爬行。

据说，澳大利亚的其他地方是精灵之间缠斗的结果。贡东古拉人（Gundungurra）认为，位于悉尼以西不到200千米的蓝山里的珍罗兰（Jenolan）岩洞周围的土地，系因鳗蛇（Gurangatch）和其死敌袋鼬（Mirragan）之间打斗而成。野兽间相互厮杀时，将周围的土地撕裂，从而形成了考克斯（Cox）河和沃伦迪利（Wollondilly）河。这两条河流至今仍然是悉尼的城市水源。

无论世上的土地与河流是天意还是伟力创造，土著人的梦创时代都是一切生命之源。不管造物主是彩虹蛇还是其对手迪拉旺（Dirawang，一个神龙见首不见尾的精神造物，新南威尔士州的邦加隆人将其视为抵御彩虹蛇威胁的保护神），都留在了地球上，将自己幻化成为圣地或变化莫测的雷电。人类生活必须遵从天命，必须

> 彩虹蛇是澳大利亚土著神话中的造物神。

和睦相处,必须与自然界和谐共存。澳大利亚土著人图腾般的信仰体系认定,这些伟大的精灵蕴藏在一切生命之中,让人类的命运永远与大地休戚与共。

即便如此,首度踏进新世界的男女不仅憧憬着他们的孩子,也憧憬着悠悠的远方。这就引出了一个关键问题:他们最初是如何来到澳大利亚这个巨大的岛屿的?

分离的大陆

澳大利亚并不是一直位于世界地图下方,它曾经与新几内亚相连,是面积860万平方千米的萨胡尔(Sahul)大陆块的一部分。大约3000万年前,萨胡尔大陆块与南极洲分离,缓慢向北漂移,直到与今天的东南亚相撞。澳大利亚-新几内亚构造板块与欧亚大陆板块的撞击将新几内亚挤向南部的托雷斯海峡。然而,尽管板块之间的冲撞震天撼地,但直到8000年前,新几内亚和澳大利亚才分离开来。此外,虽然海平面上升淹没了它们之间的陆地,但在海平面较低的时候会出现大陆桥。因此,早期人类很可能是通过跳岛(低潮时帝汶岛与萨胡尔大陆块仅相隔90千米)从南亚到达澳大利亚,也可能是乘坐竹筏上岸。

这些坚韧勇敢的旅行者是出于殖民新大陆的冲动,还是为了逃避人口的压力,抑或被海浪冲拥上岸,目前尚不得而知。尽管可能永远无法知道他们的动因,但他们来到这块大陆上的时间却日渐清晰。

2012—2015年,昆士兰大学考古学家与当地米拉(Mirrar)土著人一起,对阿纳姆地(Arnhem Land,位于澳大利亚北领地,系澳大利亚土著人聚居区)马杰德比(Madjedbebe)的一处岩洞定居点进行了发掘。他们的发掘顷刻间改写了第一批抵达澳大利亚的先民的历史。

在干涸的地表下面埋藏有许多可以追溯到6.5万年前的工具,使人类到达澳洲大陆的时间一下子提前了大约2万年。在考古团队的众多发现中,有研磨种子的工具和可以用来制作颜料的赭石。早于所有先前出土文物的磨锋斧头也被发掘出来。

为确定出土文物的年代,考古团队采用放射性碳定年法和光释光(OSL,一种测量自沙粒最后一次暴露在阳光之下以来经过了多长时间的方法)测年法来准确确定遗址年代。

这些发现彻底改变了人们对澳大利亚土著人乃至人类历史的理解,表明在巨型动物灭绝之前,澳大利亚第一批定居者与它们共同拥有干旱乏味的家园大约2万年之久。在澳大利亚各地发现的许多洞穴艺术实例都支持这一假设——众多琳琅满目的场景中都有对人类与巨型动物和谐共生的描绘。

◀ 土著人将乌鲁鲁奉为精灵们的安息圣地

▲ 澳大利亚中部描绘彩虹蛇在爬行的一幅岩画

假如在维多利亚州瓦南布尔（Warrnambool）莫伊吉尔（Moyjil）遗址进行的独立考古发掘结果证实了一些科学家的看法，那么人类很可能已经在澳大利亚居住了12万年。遗憾的是，最近的考古工作因新型冠状病毒肺炎（COVID-19）的肆虐而受到限制。然而，这处古老悬崖顶部的土著人遗址可能很快就会让隐藏的秘密大白于天下，从而颠覆目前关于澳大利亚及其他地区人类进化的认知。

遗骸故事

迄今为止，在澳大利亚发现的最古老人类化石约有2万—4万年历史。位于新南威尔士州西南部的干涸湖泊蒙戈（Mungo）湖遗址于1974年出土。3号（LM3）遗骸是一名男性，活到4万年前，死于50岁高龄（对于早期人类而言）。3号遗骸上覆有红色赭石粉末，显然经历过仪式性葬礼，而遗骸的检测则显示出土著人埋葬仪式的真实年代。

在3号遗骸出土前5年，考古学家发现了1号（LM1）遗骸的骨骸。这是一名生活在1.9万—2.47万年前的女性，是已知最古老的火葬者之一。

维多利亚州北部的科阿（Kow）沼泽是另一处重要的土著人定居点，在那里出土了22具遗骸，而维多利亚州的凯勒（Keilor）考古遗址则出土了人类和巨型动物遗骸以及3.1万年前的壁炉，这意味着这里是已知最早的人类居住地之一。

然而迄今为止，最著名的土著人地标非乌鲁鲁或称艾尔斯岩（Ayers Rock）莫属。意为"大卵石"的乌鲁鲁见证了大约3万年的人类活动。虽然在这里没有散见遗骸，但阿南古（Anangu）土著人将其奉为圣地。他们笃信这块巨石是造物主灵魂的安息之所。人们认为乌鲁鲁是6000万年前在水下形成的，全天会随着光线的变化而变色。

先民

在外人看来，"土著"一词似乎是单一群体的名字，一个完全不同但最终同质化的群体，但事实上，澳大利亚有数百个不同的土著部族（1788年英国定居者到来之前可能多达500个），每个部族都有自己的语言和信仰体系。

虽然大多数澳大利亚土著人都生活在沿海地区，但也有一些人定居在大陆以外的岛屿上，包括北部的提维（Tiwi）群岛和南部的塔斯马尼亚（Tasmania）岛。其他人则更靠近新几内亚，居住在昆士兰州北方的托雷斯海峡群岛上。

虽然托雷斯海峡岛民被归为土著，但他们是美拉尼西亚人（Melanesian）后裔，与今天的巴布亚新几内亚人有许多共同的特征和习俗。他们的语言与澳洲大陆表亲的不同，主要讲卡劳拉高亚语（Kalaw Lagaw Ya）、梅里亚姆语（Meriam Mir）和以英语为基础的托雷斯海峡克里奥尔语（Creole）。人口（目前约有3.25万人）由5个文化群体组成，即梅里亚姆（东部）、古达·马尔维尔加尔（Guda Malvilgal，西北部）、马尔维尔加尔（靠近西部）、库尔卡尔加尔（Kulkalgal，中部）和凯瓦拉加尔（Kaiwalagal，内群岛）。

与其他土著部族一样，托雷斯海峡岛民有着多种信仰。一些人信奉梦纪元故事，而另一些人则尊奉塔盖（Tagai）神的教义。塔盖是将岛民与星宿联系起来的神祇，教诲他们星空之下的一切都能各得其所。

另一个大部族是阿南古，主要分布在中西部沙漠，包括纳安亚加拉（Ngaanyatjara）、皮

▲ 图中描绘的是19世纪80年代澳大利亚土著家庭屠宰被猎获袋鼠的场景

坚加加拉（Pitjantjatjara）和扬库尼贾贾拉人（Yankunytjatjara）。在他们北面居住着6000名瓦尔皮里人（Warlpiri），其中约一半人仍讲瓦尔皮里语。瓦尔皮里人依血缘关系分为8个族群，对个人在家庭中的权利和义务都做出了规定。

这些只是数千年来居住在澳大利亚的众多不同土著部族中的一小部分。这些土著人坚韧不拔，勤劳勇敢，共享许多相同的仪式和宗教，但也秉承着各自的信仰和追求。纵然他们生活方式不尽相同，但把澳大利亚当作自己家园的先民后代都与农业这项生产活动联系在一起。

发现与农耕

1788年第一批英国定居者抵达澳大利亚时，居心叵测地将原住民说成是一群浪迹天涯的野人，是毫无方向感或目的性的游牧民族，更甭提能掌握像农耕这样先进的东西了。事实上，正如许多早期殖民者私下承认的那样，没有什么比这更信口开河了。当英国人还在澳大利亚各地艰难偷生时，土著人狩猎和收获的日子早已成为古老的记忆。土著人不仅高度重视农业基本技能，而且他们自己就是道地的农耕大师。

初来乍到的早期人类别无选择，只能通过狩猎当地物种和采集任何可遇食物（主要是坚果、种子、灌木、水果和蔬菜）来谋求生存。对于这些古人来说，寻找珍贵的水源也是必不可少的一步。然而，随着时间的推移和对居住土地的日益了解，与其他地方的定居者（尽管时间上要晚得多）一样，澳大利亚人开始发明一些高度复杂的农耕方法。

许多英国定居者在他们的私人记录和绘画中证实了土著人的技能。有幅图画描绘了土著妇女在一片被故意砍伐的森林空地种植山药（murnong），而有篇日记则描述了澳大利亚土著人如何在方圆1000英亩①的大地上用石刀收割谷子。还有人记载，为确保能长出新山药，土著人会将地下根茎留在土壤之中。

令人印象更加深刻的是，他们利用精心种植的树木和挖掘的水坑来使动物远离农作物。此举还收到了始料未及的效果——狩猎变得更加容易，因为这些屏障限制了附近动物的行动。

尽管环境恶劣，但在澳大利亚广袤土地上还是形成了一条蜿蜒的谷物带。土著人能用一张兽皮长时间存储多达50千克的谷物。精心堆制的干草用来催熟制作面包的种子。在澳大利亚东部库迪（Cuddie）泉发现的3万年前的石磨表明澳大利亚土著人是世界上最早的面包师。

土堆和挖空的树木分别用作烤箱和壁炉，在里面烘烤面包和鱼（通过巧妙设在不同高度的套子捕鱼，以便在旱季或丰水期都有收获，或者借助人造水口将鱼类诱入池塘）以及其他肉类。人们还知道，许多部族的人会来到澳大利亚阿尔卑斯山（Australian Alps），用网捕捉博贡（Bogong）山蛾。这些不幸的昆虫被捣成糊状，然后被用来制作糕饼。然而，令人印象最为深刻的或许是数千年来中部沙漠部族在几乎没有降水的气候条件下收获灌木番茄的能力。

通过烧除、种植和清理等手段有助于营造美丽景观，也就是1827年成为新南威尔士州助理总测量师的托马斯·米歇尔（Thomas Mitchell）形容的"广阔公园"。澳大利亚土著人深谙自身命运与土地状况有着内在联系，因此总是想方设法保持土壤肥力，在保障生存需要的前提下竭尽全力避免对景观造成影响。尽管如此，土地的产量还是相当惊人，在一座城镇里生活的土著人数竟然过万就足以证明这一点。

可悲的是，英国人的到来打破了这种精心维护的平衡，澳大利亚退化为一片灌木和杂草丛生之地。曾经悉心打理这片热土的土著人眼睁睁看着昔日富饶的土地横遭摧残。

土著发明

有远见的农业技术远非土著人唯一的遗产。俗话说，需要是发明之母。在这样一片荒凉的土地上谋生意味着他们必须快速适应环境，结果产生了一系列奇巧发明。

可以说，最受人们认可的发明是回力镖，通常用砍下来的与树干相连处的树根制作而成。土

---

① 1英亩约为4046.856平方米。

与巨兽同行

澳大利亚拥有大量漂亮的、有些又是稀奇古怪的动物,这已经不是什么秘密了。然而,尽管袋鼠、考拉和鸭嘴兽都俨然成了澳大利亚的代名词,但在它们之前游荡在澳大利亚平原上的动物又是什么状况呢?在人类到来之前和到来期间,有什么奇怪的生物生存在这片广袤而荒芜的土地上呢?答案很多,也很奇妙。

在袋鼠大行其道之前,澳大利亚内陆生活着一种非常有名的身高两米的跳兽——巨型短面袋鼠(Procoptodon goliah)。这种巨大的短面袋鼠体重可达240千克,由于体型太过庞大而无法跳跃,但它肌肉发达的双腿(每条腿末端只长着一只脚趾)能令其在平原上行动敏捷。它长长的前肢(前端长有两个长爪)非常适合够取叶子。

巨型短面袋鼠的化石可以追溯到4.6万年前。这意味着早期人类极有可能与这种生性好斗的素食者邂逅相逢。

另一种缓慢穿行在澳大利亚的大型食草动物是双门齿兽(Diprotodon)。它是有史以来最大的有袋动物。这种犀牛般大小的毛茸茸哺乳动物体重可达2800千克,是考拉和袋熊的远亲。人们认为澳大利亚水怪本耶普(Bunyip)的恐怖故事就是从它身上汲取的灵感。

科学家们仍然不确定这种行动迟缓、肩高近6英尺①的动物缘何灭绝。一些人认为是人类猎杀将它们推进了无底深渊,而另一些人则认为气候变化或许是罪魁祸首。

正如人们所预料的那样,在这块凶猛野兽横行的陆地上,并非所有古代澳大利亚的巨型动物都以树叶和嫩枝为食。顾名思义,袋狮(Thylacoleo carnifex)肯定不是。这种矮小敦实、肌肉发达、凶残无比的食肉动物(大约在3万年前灭绝)拥有史上最强大的咬合力,能够凭借身上条纹的伪装靠近毫无防备的动物,一举将双门齿兽扑倒在地。攻击目标时,袋狮会用它利刃般的爪子撕扯猎物,同时用牙齿直接锁喉。

---
① 1英尺约为 0.3048 米。

▲ 据信,凶猛的袋狮跑得不快,但攀爬能力极强

著人将木材加热,使其更具延展性,然后再将其塑成标志性曲线,最后用油脂处理,有时还用部族徽章和符号进行一番装饰。

回力镖是击倒逃跑的袋鼠或鸟类的理想工具,用于狩猎和战斗。有些回力镖的末端偏厚,杀伤力更强。尽管它们在整个澳大利亚并不处处都那么流行,但在南澳怀利(Wyrie)沼泽却发现了一个一万年前的回力镖,足见这种独特武器存世之久。

另一种独具匠心的用品是用草木制成的热塑性树脂。将树木捣烂,取出树脂,然后清洗、加热。加热后的树脂会变得黏稠,非常适合将石头和木头粘合在一起,制成工具和武器。

水袋的发明使随机应变的澳大利亚早期定居者得以生存下来。这些不透水的水袋用小沙袋鼠皮制成,可以长距离运水,免去了在沙漠中长途旅行因口渴致死的后顾之忧。

土著人也颇为擅长自然疗法。他们用胶乳治疗皮肤病和令人痛苦不堪的溃疡,采集茶树油等液体来治疗感染,还用单宁酸(一种存在于叶

▲ 这幅不同寻常的画作是土著人岩画艺术的经典范例，描绘的是瘦长的造物精灵咪咪（Mimi）的形象。据说，这些精灵教会了人类狩猎和烹饪

子、树皮和各种水果中的有机物）来消炎止痛。

不过，并非所有的发明都是出于严肃目的。迪杰里都管（didgeridoo）是人类已知的最古老管乐器，拥有45个不同的名字，用包括桉树（从一些名字上可以推断这种乐器最初用竹子制成）在内的各种木材雕刻而成。传统的迪杰里都管制造工匠知道如何找到那些树心被白蚁掏空的树木，从而利用它们制作出完美的空心管乐器。木材清洁修整完毕后，匠人会在吹口处涂上蜡封。

迪杰里都管虽然貌似简单，但事实上，想要吹好很难。吹奏者需要不断震动嘴唇，采用循环呼吸法才能让乐器宽大的开口端发出独特的轰鸣声。吹奏者要通过鼻孔吸入空气，同时用舌头和

> 澳大利亚土著人为了维系生存而抱团取暖，因此不会爆发全面冲突。

脸颊把含在嘴里的空气呼出去。经验丰富的吹奏者能利用这种呼吸技巧一次吹奏一个音符达数分钟之久，可以不间断地吹奏50分钟。

内陆法则

与许多古代文化一样，早期澳大利亚土著人也认为男尊女卑。成年男性是"领地"的主宰，新婚女性通常会迁居丈夫的领地，加入丈夫所在的群体（由两个或两个以上家庭组成的团体。他们一起出行和露营，但通常每个家庭会分开睡觉和做饭）。男性肩负着守卫自己领地的神圣职责，负责安排维系领地所需的宗教仪式。

按照虽未成文但为各部族普遍接受的梦创法则，土地不能转让给另一个群体（或个人），但群体可以离开领地四处寻找食物，因此划定活动"范围"的做法应运而生。群体之间还达成谅解，允许在食物短缺时互通有无。鉴此，一个群体可以占用另外一个群体的领地，但纯粹是为拆借补给以为生存之需。

大多数土著人一生都会留在自己出生时所在的群体中。这些群体将更大的群体分解成易于辨识的分支，从而帮助确立成婚界限，将远亲与外人区分开来，并借此确定个人在宗教仪式中所担负的责任。

土著人社会通过亲属关系来发挥作用。在这种关系中，每个人都会被冠以一个亲密的家族称呼，比如概称叔父、伯父为"父亲"，伯母、婶母为"母亲"。这些长辈希望得到子女、孙辈、侄女和侄子最大的尊重。亲戚称谓严格定义了一

切关系，能决定两个人是否适婚、分享笑话或敬而远之。童年过后，异性兄弟姐妹通常大部分时间都是分开生活的。禁止男性与任何曾经或可能成为其岳母的女性交往。

婚姻是维系家庭的纽带。男性因新娘与其组成新的家庭而有义务做出回报，这往往导致新婚夫妇彼此的兄弟姊妹联姻，进而亲上加亲。指腹为婚的现象颇为普遍，而且女孩在发育成熟之前安排订婚至关重要，因为在青春期期间，她们得离群索居，与社会生活完全脱离。

在长成女人之前，女孩通常便会开始和丈夫生活在一起，因此群体中的其他成员认为他们已经完婚（尽管在某些群体中，一对夫妇只有在第一个孩子出生时才被视为已婚）。一个男人可以娶妻的数量因群体不同而差异很大，但据说有的男人娶妻多达29个，足见一夫多妻制在当地是一种广为接受的习俗。

如果妻子对丈夫心生厌倦或发现他对自己心怀不满，她的选择十分有限，私奔到

白人殖民者将土著人的步行传统歪曲为漫无目的的流浪。

可怕的民间传说

自从人类第一次围拢在篝火旁听彼此讲故事以来，怪物一直就是文化和宗教故事的基本组成部分，澳大利亚土著人也不例外。

经常出现在土著人梦魇之中、吓得孩子不敢单独闯进森林的最可怕生物之一是亚拉玛雅乎（Yara-ma-yha-who）。这种长着光滑红皮肤、约4英尺高的无毛人形生物潜伏在树上，守候一个冒失鬼从树下经过。这时，矮胖的饕客会从树上跳下来，扑将上去，开始用长着吸盘的手指和脚趾吸血。

吸到猎物丧失反抗能力后，亚拉玛雅乎会先吞下失去知觉的猎物，摇摇晃晃地走去寻找水源饮水，然后蜷缩起来酣然入睡。醒来后，它会反刍仍然活着的猎物，然后再次进入梦乡。这给了这个惊恐无比的倒霉蛋逃跑的机会。然而，如果同一个人再度被亚拉玛雅乎抓到，他就会开始变形，逐渐失掉毛发，皮肤开始变红，直到最后自己也开始躲在树上等待吸血机会的到来。

土著人必须提防的另一个可怕的怪物是本耶普。从大型猫科动物到长鳞的蜥蜴，本耶普有着各种各样的伪装。它们生活在沼泽和湖泊等内陆水域，潜伏在水面之下。如果有人离水太近，怪兽便会从水下一跃而起，用双颚紧紧把人咬住，无论怎样踢打和尖叫也逃脱不了被拖入水中吃掉的噩运。

鉴于本耶普如此恐怖，你一定会原谅那些遇到这些怪物后欲置其于死地而后快的人，不过，这样做无异于找死。一名不幸的船长在船只遭到本耶普袭扰时，不顾船员们的阻拦，开枪射杀了这只怪物。几天之后，他的皮肤上就满是渗着浓水的溃疡，两周后，他因窒息在痛苦中死去。

▲ 水怪本耶普用它有力的下颚咬住了一个必死无疑的猎物

▲ 一位土著音乐家在用经过精心修饰的迪杰里都管进行演奏

更好的追求者怀抱之中是她唯一的现实选择。不足为怪的是，男性在婚姻纠纷中掌控着主动权，因为他们可以把令人失望的妻子一休了之，嫁给他人（假设有人愿意娶她为妻的话），或者干脆在不需要警告或走正式程序的情况下叫停婚姻。尽管这听起来不公平，但历史学家认为土著妇女并非一个任人宰割的群体，作为她们的看护者和监护人的男性当然必须首先获得如此行事的权利。

男孩的人生可能会在6—16岁（取决于他所在群体的规矩和习俗）之间随着成年礼的到来而突然发生变化。在女人的恸哭声和恶魔般的呼叫声中（仪式的过程与葬礼相仿，旨在让男孩完成成年仪式后开始崭新的生活），男孩会离开住地，参加一系列教育和管束课程，以便被培养成为一个真正的男人。随后要接受割礼，然后才可以参

慑力。遇到凶杀案时，人们将通过占卜的方式来揭开元凶的面纱。

战争与武器

澳大利亚土著人与自己的家园休戚与共，为维系生存而抱团取暖，因此用不着爆发全面冲突。然而，这并不是说部族之间从未发生过暴力事件。事实上，这在日常生活中司空见惯。

由于土著人的社会结构规避了个人集权和网罗党羽的现象，因此，惹事团伙都相对较小。为占有食物和水源，需要尽可能多地保有群体成员，从而难以组织起对其他群体的大规模袭击，往往只是派出几名勇士出战。

突击队装备有长矛（借助投掷器可投得更快更远）、棍棒、回力镖和盾牌，通常会等到夜幕降临才发起攻击。

这些旨在铲除少数敌人或特定目标的暴力攻击背后的动机，并非吞并领地或歼灭部族，因为袭击者和所有其他澳大利亚土著人一样，都认为土地所有权永远不会改变。那么，为何还要冒着死亡或重伤的危险，夺取永远无法占有的领地然后再弃之如敝屣呢？事实上，大多数冲突的起因要么是报复谋杀，要么是抢夺女人，让她们成为妻子、母亲和觅食者，从而提高群体的生存概率。

欧洲定居者的到来和侵略扩张最终迫使这些群体联合起来，发起较为传统的激战，以保卫自己的家园和领地。可悲的是，直面入侵者的先进武器，澳大利亚土著人毫无胜算可言。

数千年来土著人精心侍弄的土地遭到入侵，被拱手让给了欧洲白人定居者。这些侵略者对新到手的土地毫不了解，也不热爱。澳大利亚及其近百万土著人的生活永远不会回到从前。

与诸如狩猎等成年人的活动。

有意思的是，尽管严格的社会规则和禁忌左右着土著人的生活，但早期澳大利亚原住民既不向酋长卑躬屈膝，也不听命于任何统治机构的颐指气使，因为每个人都坚定不移地笃信命运天定，故而没有必要推举出头领来掌控群体或部族。为保持秩序，人人都要懂自制，知羞耻，对因违反圣律而受族人排斥的恐惧比遭天谴更具威

南方大陆：发现澳大利亚

这片广袤的南方大地吸引来
水手、海盗、商人、国王甚至教皇。
让我们一起探究强风、星体、宗教狂热
和经济利益如何把他们引向澳洲

詹姆斯·霍尔

1770年8月20日，英国国旗在银色的沙滩上缓缓升起，在海风中猎猎飘扬。登陆队举枪三声齐射，随即得到停泊在植物学湾里的"奋进"号的回应。

詹姆斯·库克和水手们已经在海上航行了724天，离开新西兰也已有141天。这支不足百人的队伍在浩瀚海洋上驾驶着三桅帆船，绘制了海岸线图，然后朝西驶向范迪门斯地①，接着遵照密令指示向北搜索未知的南方大陆（Terra Australis Incognita）东海岸。

他们表面上是在太平洋观测罕见的金星凌日，但其实是打着"发现"的幌子暗地里执行一项秘密任务。获得英国王室授权的他们可以将未开垦的土地划归王室所有，并记录奇异景观和天象供科学研究之用。当探险家、天文学家、启蒙英雄、海军上尉詹姆斯·库克再度弃舟登岸，宣称这片南方土地归英国所有、将广袤的大陆东部命名为新南威尔士时，与其说他发现了一个新世界，还不如说他见到了一位老朋友。

400年来，澳洲梦一直主导着欧洲对亚洲的探索，而在更悠远的历史长河中，它始终是亚特兰蒂斯人的神话。库克船长并非第一个挥舞旗帜来到澳大利亚的人。在他前面是一条用沉船、战争、香料和海盗铺就的漫漫长路，但首先，必须有这个想法，而这个想法早已有之。

① Van Dimen's Land，塔斯马尼亚旧称。

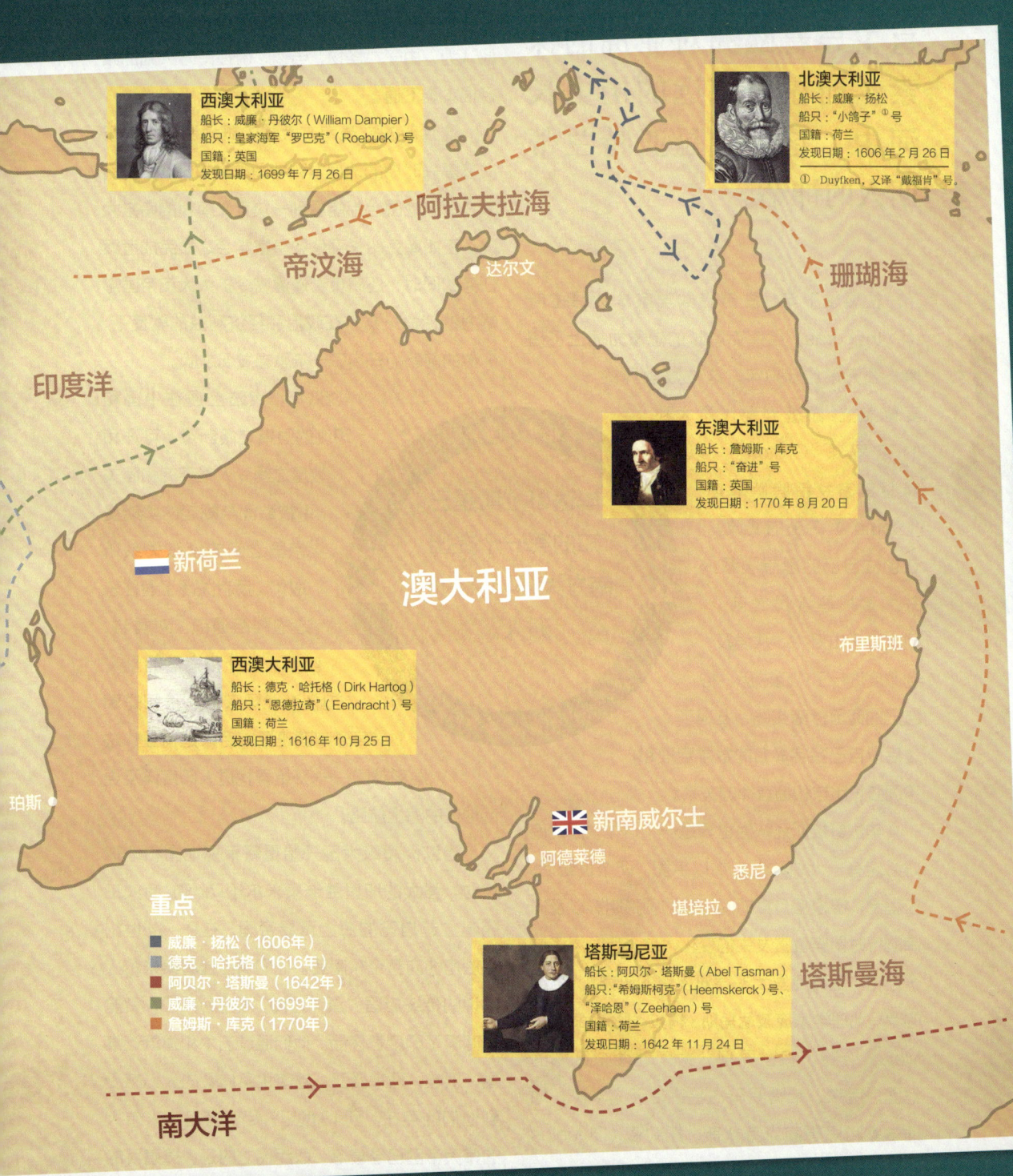

400年来，澳洲梦一直主导着欧洲对亚洲的探索，而在更悠远的历史长河中，它始终是亚特兰蒂斯人的神话。

往事越千年，古希腊数学家毕达哥拉斯（Pythagoras）给库克船长的想象力插上了翅膀。公元前约530年，这位数学界的麦修撒拉①潜逃到现代意大利的克罗顿（Croton），以躲避其家乡希腊萨摩斯（Samos）岛上的暴政。在创立自己的思想学派并大量招募学员之前，他走过千山万水，从埃及到印度进行了广泛游历，将自己的阅历付诸实践，发现了之后以自己名字命名的数学定理和不同弦长比与和谐音律的关系。

毕达哥拉斯还认为世界是一个球体，因此南方必定有一大块陆地来加以平衡。两个世纪后，亚里士多德根据月食期间地球的圆形阴影以及向南航行时星座位置发生的变化，进一步发展了这一理论。随着亚里士多德对夜空的研究，1世纪的罗马地理学家庞波尼乌斯·梅拉（Pomponius Mela）绘制了将世界划分为南北两个区域的地图。后来，希腊罗马占星家、天文学家、地理学家和思想家克劳狄斯·托勒密（Claudius Ptolemy）将他所掌握的世界各地的所有知识汇编成了鸿篇巨著《地理学指南》（Geographia）。他认为，由于"怪物"当道，前往南方大陆的路径根本走不通。

这片新的广袤南方大陆的概念深深植根于文艺复兴时期的地理学和地图学之中，以至于后来在每张地图上都能看到一块定义模糊的南方大陆。正如库克船长奉伦敦皇家学会之命完成考察任务的同时，还肩负着谨遵密令扩大大英帝国影响力的使命一样，在政治和经济利益的驱使下，他的前辈们开启了一条思想发现之旅。

1368年，大陆上通往中国和印度的财富之路断绝。可汗和教皇之间令人艳羡的和睦关系被欧洲与崛起的奥斯曼帝国之间的紧张关系所取代，后者关闭了通往东方的陆路通道。对香料、丝绸、茶叶和瓷器的刚需迫使商业国家——最初是葡萄牙和西班牙，后来是荷兰、法国和英国——开始寻找进入印度洋及更远地区的海上航路。

当欧洲超级大国开始重新审视地图和地球仪时，强大的斯里兰卡泰米尔（Tamil）商人王朝建立起自己的海上贸易帝国，在9—14世纪将触角伸向整个东南亚。他们嘴上挂着泰米尔人常说的传统谚语"漂洋过海，黄金就来"，货舱里塞满了印度奢侈品。他们通过艺术和建筑让泰国、爪哇、马来西亚、越南和柬埔寨的人们感受到他们的存在。到18世纪，尽管昔日泰米尔人的伟大帝国已经衰落，取而代之的是大肆殖民的葡萄牙及后来居上的荷兰和英国，但泰米尔人已经开始与新西兰和澳大利亚的欧洲定居者进行贸

> 毕达哥拉斯是已知的第一个提出南方大陆学说的欧洲人。

---

① Methuselah，《圣经》中记载的人物。据说享年969岁的他是史上最长寿的人，从而成为西方寿星的代名词。

▲ 扬松船长的"小鸽子"号

易。然而,有证据表明他们以前就曾去过那里。1836年,人们发现了一个漂亮的上面刻有泰米尔语铭文的14世纪船钟,被毛利人用作饭锅。

全球展开领土和贸易的激烈争夺战之后,葡萄牙人和西班牙人开始打起了商业冷战。随着1494年瓜分南北美洲的《托尔德西拉斯条约》(Treaty of Tordesillas)①和1529年瓜分亚洲的《萨拉戈萨条约》(Treaty of Zaragoza)②的签署,葡西双方陷入了僵局。

葡萄牙帝国的势力横跨东非、印度,直抵马来西亚,马六甲和班达(Banda)海盛产肉豆蔻和丁香的香料群岛成为他们的利益中心。1590年,他们甚至在帝汶岛上建立了一个贸易站,距离如今的北领地达尔文只有720千米。萨拉戈萨线让葡萄牙把亚洲大部分地区据为己有,让对手西班牙北上,在没有香料的菲律宾另寻立足之地。他们可能还不知道,这条分界线将新几内亚甚至是当时未知的南方大陆一分为二。

在教皇克莱门特八世和西班牙国王费利佩三世的支持下,探险家佩德罗·费尔南德斯·德奎罗斯(Pedro Fernandez de Queirós)于1603年率领3艘船从秘鲁出发,为西班牙寻找并占有南方大陆。他们的航行"听天由命",最后在斐济西部的瓦努阿图上岸,还误以为捷足先登,遂将其命名为"圣灵的南方大陆"(La Austrialia del Espíritu Santo),随即企图建立一个名为新耶路撒冷(Nova Jerusalem)的殖民地,还图谋组建一支圣灵骑士团来实施保护。不过,由于瓦努阿图人和水手之间爆发冲突,殖民地计划胎死腹中。

具有讽刺意味的是,实际上是德奎罗斯的副手路易斯·瓦兹·德·托雷斯(Luís Vaz de Torres)几近实现他的梦想。与德奎罗斯分开后,托雷斯带领剩下的两艘船前往马尼拉。劲风迫使他驶向新几内亚以南而不是向北,从而阴差阳错地让他们成为有记录以来第一拨在这个海峡里航行的水手。这个以他的名字命名的海峡将北部的新几内亚与南部的澳大利亚分隔开来。尽管他可能没有看到这片南方大陆的北岸,但已经十分接近。

德奎罗斯的神圣使命功亏一篑,他的主人们也都功败垂成。1578年,葡萄牙国王塞巴斯蒂昂(Sebastian)一世驾崩,因没有子嗣导致现状更迭。1580年西班牙入侵,国王费利佩三世

---
① 《托尔德西拉斯条约》是西班牙和葡萄牙两国于1494年6月7日在西班牙卡斯蒂利亚的托尔德西拉斯签订的一份旨在瓜分新世界的协议。
② 《萨拉戈萨条约》是西班牙和葡萄牙于1529年重新签订的条约,用以明确分割在太平洋上的位置,这一条约标志着地理大发现史上一个重要章节的结束。

库克船长的勇气、冷静和指挥才能使他们一行在澳大利亚东海岸的航行中免遭灭顶之灾

世人发现澳大利亚

当欧洲探险家逐渐接近澳大利亚时,澳大利亚的近邻们已经开始寻找南方大陆,而这片南方大陆也向他们伸出了互动的双手。

16—18世纪(可能早在12世纪),捕捞海参的"马卡萨(Makassar)海碰子"苏拉威西(Sulawesi,现为印度尼西亚的一部分)水手用布料、烟草、金属斧头、刀、大米和杜松子酒交换澳大利亚土著人的捕鱼权,而土著人则拿出龟甲、珍珠和澳大利亚柏树来进行易货。一些土著人还自愿和这些水手一起捕捞海参。

约350—750个土著部族使用同等数量的语言或方言,马卡萨语成为沿海通用语。土著人至今仍在使用许多与爪哇语和印度尼西亚语密切相关的词汇。马卡萨人或许也留下了他们信仰的印痕。

与马卡萨人的交流深深地影响了约尔格努(Yolgnu)土著人的生活。他们开始转身向海,制造马卡萨风格的独木舟,从而能够远赴托雷斯海峡群岛和新几内亚。托雷斯海峡岛民自己则制造带外桨架的划子和长度可达20米的远洋木舟,以方便与大陆和新几内亚进行贸易活动。这种做法延续至今,受《托雷斯海峡条约》保护,不受海关和边境管控。

至少在这一点上,4万多年来澳大利亚土著人和托雷斯海峡岛民共享的生活方式一直没有发生改变。

▲ 早期与澳大利亚土著人做生意的马卡萨人

的父亲集两个王位于一身。西班牙接手葡萄牙殖民地,但也遭遇了想要分一杯羹的众多劲敌。在接下来的20年里,英国、法国和新独立的荷兰共和国步伊比利亚联盟[①]的后尘,在北美、南美、印度、非洲和东南亚接踵而至,把一块块土地血淋淋地生撕活吞。

在荷兰人与葡萄牙人的香料群岛争夺战中,"小鸽子"号上的8门大炮大显神威。1605年,"小鸽子"号从新近纳入荷兰势力范围的爪哇启航,代表荷兰东印度公司(VOC)去探索新几内亚海岸。1606年,船长威廉·扬松成为有记录以来第一个踏上澳大利亚土地的欧洲人。他还以为那是新几内亚西部海岸的一部分(完全错过了托雷斯海峡,直到一个多世纪后,库克船长才最终证明澳大利亚是一块独立的大陆)。

"小鸽子"号的船名虽然听上去温柔有加,但船上的水手们可都不是善茬。这些荷兰人绑架了一些澳大利亚当地的女人,导致土著人对他们横眉冷对,原本友好的初次邂逅变成兵戎相见,引发了袭击、报复、再袭击的恶性循环,直至他们被迫返回海上。

1616年,德克·哈托格船长首次驾驶"恩德拉奇"号随着扬松船长出航。在穿越好望角与荷兰东印度公司船队分开后,不知是鬼使神差还是处心积虑,他利用能把航程缩短数月的咆哮西风带(Roaring Forties)的强劲西风向南穿越印度洋,远远超出了通常人们认为的安全航程。"恩德拉奇"号最终抵达了西澳大利亚,留在当地的一个扁平锡餐盘就是明证。在此后的数十年间,由于把速度看得比生命还要重的荷兰东印度公司坚持要求船长们不计危险、利用好咆哮西风带,致使许多荷兰人多次到达澳大利亚并逐渐将

[①] Iberian Union,又译西葡帝国。

其体现在地图上,而更多的荷兰人和船只则触礁沉没,葬身鱼腹。其中,最古老的沉船是1622年从普利茅斯开往爪哇岛途中沉没的"特里亚尔"(Tryall)号,船长是约翰·布鲁克(John Brooke)。他是第一个看到这片南方大陆的英国人,也是第一个淹没在这汪险恶洋流中的欧洲人。"特里亚尔"号所取得的成就只能令库克船长望洋兴叹。

虽然轻率莽撞把欧洲人推上了澳新海岸,但谨小慎微的阿贝尔·塔斯曼却是一个另类。1642年,他让船上的木匠游泳上岸插上荷兰国旗,而没有让船只冒险驶入暗礁密布的海域。他宣称占有这片土地并以荷兰东印度公司总督安东尼·范迪门(Anthony van Diemen)的名字将其命名为范迪门斯地。在赢得特权的范迪门的管理下,荷兰东印度公司成为疯狂的地图绘制和领土扩张中心,而塔斯曼则言听计从,唯自己雇主马首是瞻。库克船长塔斯马尼亚之行的许多细节都通过绘画、日记和地图记载下来。随后他穿越塔斯曼海,成为第一个抵达新西兰的欧洲人。塔斯曼之后一个多世纪,库克依据自己的记载资料,登上了新西兰波弗蒂湾(Poverty Bay),宣称这里为英国所有。

1644年,塔斯曼重返澳大利亚,绘制了北部海岸图并用新荷兰取代了南方大陆的称谓。库克船长和新南威尔士殖民地时期一直在沿用这个名称,直到塔斯曼第一次说出"新荷兰"这个名字180年后,"澳大利亚"这一名称才正式取而代之。

如果说阿贝尔·塔斯曼是库克船长效仿的榜样,那么威廉·丹彼尔或许就是激励库克船长前行的传奇。

作为一个出身卑微的英国海盗,威廉·丹彼尔曾破纪录地进行过3次环球航行,1697年出版了畅销书《新环球航海记》,还救出过丹尼尔·笛福(Daniel Defoe)小说《鲁滨逊漂流记》主人公鲁滨逊·克鲁索(Robinson Crusoe)的原型。他的冒险经历给英国海军部留下了深刻印象。1699年,也就是库克船长出生前29年,丹彼尔受命指挥皇家海军"罗巴克"号去探索新荷兰,并争取揭开后来让库克船长捷足先登的东海岸的面纱。丹彼尔编撰了一份前所未有的澳大利亚植物和野生动物名录。后来破烂的"罗巴克"号开始透水,经过一番马马虎虎的修理,他们才得以踏上归途,东海岸的发现之旅只好作罢。这位令人难以置信的博物学家后来因"罗巴克"号沉没而被困大西洋的阿森松(Ascension)岛。

因由其掌管的船只灭失,丹彼尔被告上军事法庭,被指"不适合指挥英国皇家海军的任何船只"。于是,丹彼尔很快又重操旧业,回归时运不济的海盗王杰克·斯帕罗(Jack Sparrow)般的生活,不过在此之前他出版了《1699年新荷兰航行记》一书。书中记载了丰富的动植物种群、岩石以及盛行风的详细情况。

尽管丹彼尔未能实现他最重要的战略目标并因此失去了自己指挥的军舰,但他的航行在英国人乃至法国人的思维方式上率先促成了范式转移。在政治和利益驱使下,航海家、植物学家、探险家和东印度公司商船再度带着国旗向海外插去。

> 咆哮西风带的狂风使各路探险家们向南航行的速度更快。

▲ 使用独木舟的土著水手

虽然经过对殖民地的讨价还价和国家交易，七年战争于1763年终于结束，但西班牙、法国和英国却陷入了比15世纪和16世纪的葡萄牙和西班牙更加混乱、更为复杂的僵持局面，飞速发展的帝国再次无处扩张，只能走向未知的大陆。

像库克船长一样，海军军官自身价值在七年战争中的遥远战区得以凸显，而和平时期这支海军在船只、人员、资金和经验方面都出现了过剩现象，于是海军军官越来越频繁地被派遣到太平洋。英国海军部接二连三地于1765年和1766年先后派出海军准将约翰·拜伦（John Byron）和船长塞缪尔·沃利斯（Samuel Wallis）率领皇家海军"海豚"（Dolphin）号出征；1766年派遣船长菲利普·卡特雷特（Phillip Carteret）指挥皇家海军"燕子"（Swallow）号远航；1769年差遣库克船长远征。虽然这些航行都将红、白、蓝三色英国米字旗高高升起在太平洋列岛上，但寻觅南方大陆的承诺始终在他们的脑海中萦绕。

当库克船长和他的前辈们像塔斯曼和托雷斯那样争相向南航行之际，他们的法国同行也不甘落后，步步紧逼。澳大利亚地图逐渐成形。无论鼓动他们风帆的是经济、政治抑或帝国力量，还是咆哮西风带的劲风，他们所取得的成就都堪称理性和发现的胜利。澳大利亚海岸的沙子终于在库克船长的脚下沙沙作响，他是踩着前人的足迹一路走来。但这一发现却将这块土地引向了成为殖民地的坎坷命运。

等到欧洲殖民者弄清楚库克船长宣称占有的新南威尔士与新荷兰相连、但与范迪门斯地分离的事实，已是多年以后的事情，正如库克船长花费很长时间才证明这些零散发现的大片土地与新西兰或新几内亚并不相连一样（部分原因是西班牙人没让外人参与托雷斯的航行）。

他们的船只穿越未知的海洋，驶向陌生的地平线，这些数个世纪的思想家、水手、海盗和商人为澳大利亚漫长历史中的一章画上了句号。无论好坏，一个崭新的篇章即将翻开。

澳大利亚：罪犯流放之地

惩罚性刑事判决、艰难苦旅和经年繁重体力劳动造就了现代澳大利亚

本·比格斯

18世纪的英国,人们对罪犯谈不上有什么怜悯之心。对轻罪犯会施以烙刑或鞭笞,累犯则会被送上绞刑架。刑事司法系统的基础设施是中世纪的产物,与它所施行的惩罚手段一样已成明日黄花,无法跟上人口的激增和犯罪率的呈指数级增长,而警察队伍的初创还是百余年之后的事情。因此,在守夜人的协助下,被害人有望获得逮捕令,然后召集一班人自动手抓捕罪犯。一旦将被告移交司法当局,他们就需要支付起诉费用,而这往往超出了工人阶级的承受能力。假设被害人诉诸法庭来追捕罪犯,那么他们可能会遭到罪犯同伙的报复,故而大量的违法案件根本就没有报案也便不足为奇。

英国干脆把目光投向了世界另一端充满机遇的无垠旷野澳大利亚。

法院本身也是漏洞百出,陈旧的法律能让那些站到法庭被告席上的狡猾罪犯轻而易举地钻法律的空子。最令地方法官头疼的是"神职人员特权"。根据这项规定,初犯可以简单地引用《赞美诗》第51首第一章的开头"耶稣恩,救主爱罪人……"便能逃脱法律的制裁。这无疑是在开历史倒车,因为人们曾经认为只有神职人员才能读懂《圣经》，所以除了教会法庭，没人能管得了他们。尽管许多18世纪的罪犯都是文盲，但通过熟记这首赞美诗，他们也可以轻松地躲过法律的严惩，毫发无损地继续自由生活。

结果，虽然日常执法中法官动辄诉诸死刑这种极端手段以减少街头罪犯数量，起到杀一儆百的震慑作用，但英国犯罪率依旧一路蹿升。尽管国家批准的可以处以极刑的罪名多达数十宗，但英国政府还是想要力避大规模绞刑的发生。因此，1718年，随着美洲新世界的姗姗来迟，《运输法案》（Transportation Act）开始生效。

于是，把定罪的罪犯遣送国外新殖民地服劳役成了一种合法手段。该法案允许对两类犯罪施行两种惩罚：一是对于那些通常享有"神职人员特权"的人，法官可以判处7年海外劳役而不受烙刑或鞭笞；二是法官可以裁量免死，改判罪犯不少于14年的遣送惩处。这既解决了新世界廉价劳动力短缺的燃眉之急，又将罪犯从街上和狱中一扫清空，对英国政府来说，这一解决方案似乎臻于完美，何乐而不为。因此，正是罪犯的血汗筑就了英国的新殖民地。由于这种惩罚形式大行其道，1718—1786年，5万人被运送到了美洲。随着美国独立战争的爆发，向新英格兰殖民地运送囚犯已不可能。英国没有考虑改变其政策，而是干脆把目光投向了世界另一端充满机遇的无垠旷野——澳大利亚。

1787年5月13日，如今人们熟知的"第一舰队"启航前往澳大利亚。该舰队由11艘船只组成，其中有2艘皇家海军护卫舰、3艘补给船和6艘搭载736名罪犯的运输船。舰队司令亚瑟·菲利普（Arthur Phillip）是一名工人阶级出身的军人，13岁时以学徒身份进入商船队，两年后放弃文职加入皇家海军，成为一名水兵。他是一名自学成才的航海家，在其他海事领域里也不同凡响，使他与同龄人相比木秀于林，50岁时就作为海军上将指挥自己的舰队。他纪律严明，讲求实效，认为奴隶制只会阻碍新殖民地的进步；他也敢于杀鸡儆猴，把那些屡教不改的罪犯送上绞刑架。

船上死刑改判遣送的罪犯只占少数。在那些罪行较轻的人中，有因偷窃一块奶酪而被判7年监禁的年届七旬的伊丽莎白·贝克福德（Elizabeth Beckford），有因盗窃丝带而被遣送的11岁的詹姆斯·格雷斯（James Grace），还有因小偷小摸而被判不成比例重刑的9岁烟囱清洁工约翰·哈

藏污纳垢的18世纪英国

18世纪英国人使用的"罪犯"一词与今天的词意大致相同，指犯罪并被送上法庭的人。他们是否是第一次从杂货店的摊位上偷苹果的饥饿流浪儿无关紧要，罪犯的标签并不区分公路响马、杀人凶手或专职入室抢劫者。当时人们普遍认为，任何下作到愿意犯罪的人都已经道德沦丧，迟早会堕落进罪恶的深渊。

由于司法系统不相信改过自新，对恶棍和顽固不化的罪犯只知道施行鞭笞、烙刑、处决或苦役，因此出现了一种真正的底层犯罪。在18世纪肮脏、拥挤的英国城市里，由于没有社会保障体系，济贫院寥若晨星，某些种类的罪犯便沆瀣一气，朋比为奸，妓女、乞丐、小偷、江湖骗子等党豺为虐。

德森（John Hudson）。菲利普上将曾希望商人参与创建新殖民地，因此这些基本上没有一技之长的平民令他感到大失所望，而且掌管生杀予夺的法庭在决定罪犯命运时的做法也令其感到震惊。

虽然甲板下等待着罪犯的逼仄环境毫无舒适可言，但菲利普还是希望每个罪犯都能利用好"赦免"的机会在航程中存活下来，但从监狱中押解出来的他们的凄惨状况来看，恐怕凶多吉少。抛开罪行、年

▶ 詹姆斯·库克船长宣称澳大利亚归英国所有

◀ 亚瑟·菲利普上将是新南威尔士州首任州长，也是悉尼的创始人

▲ 库克船长正式占有新南威尔士州

抛开罪行、年龄、种族或性别不说，几乎所有人都营养不良，虱子满身，衣衫褴褛，衣不蔽体。

龄、种族或性别不说，几乎所有人都营养不良，虱子满身，衣衫褴褛，衣不蔽体。这令菲利普气不打一处来，因为不仅政府没有给他建立殖民地所需的熟练劳动力，而且这些人还没等启航就已经损失近半。尽管如此，他并没有灰心丧气，而是争分夺秒地扬起了风帆。经过8个月的艰苦航行，第一舰队终于抵达距离现代悉尼以南12千米的港口，沿途挂靠了南美洲和南非。

1788年1月20日，舰队中最后一艘船相对完整地抵达目的地植物学湾。没有一艘船在航程中沉没，只有48名未来殖民者死亡，这在当时是一个极低的数字。然而，这个新殖民地离探险家詹姆斯·库克船长在1772—1775年航行中绘制的"天堂"相去甚远。库克抵达这里的时间是在5月，由于这个自然港湾植物多样，鱼类丰富，故而他将其命名为植物学湾。可是，当第一舰队抵达时正值澳大利亚植被枯萎的盛夏，库克谈及的黄貂鱼也无处可寻。船只在浅浅的海湾无法靠近海岸抛锚，因此，在岸上初创殖民地的条件远远不如人意。海水过咸，海湾地形极难防御，贫瘠的土壤不太可能让他们带来的谷物种植成功。好在至少那里还有很多高大的树木，土著部族卡迪加尔（Cadigal）也没有敌意。但是，由于担心土著人或试图争夺这片土地所有权的他国势力的攻击，亚瑟·菲利普不得不另觅他处。次日，他率领3艘船北上，找到了一处土地肥沃、淡水充裕的地方。那里易守难攻，更加适合创建殖民地。库克船长称之为杰克逊港，但没有进入港口，所以菲利普擅自将其更名为悉尼。

菲利普遇到的问题还不仅仅是英国监狱里的罪犯都装上了第一舰队的船。最令他头疼的是身边的刺儿头罗伯特·罗斯（Robert Ross）少校。这名苏格兰海军陆战队军官是出了名的爆脾气，但直到菲利普着手建立殖民地时，他才发现罗斯是多么的桀骜不驯。罗斯拒绝让手下的海军陆战队员监管或开庭审理罪犯。他争吵起来不分军官还是指挥官，让菲利普的殖民地治理举步维艰。菲利普已经指示他的副手大卫·柯林斯（David

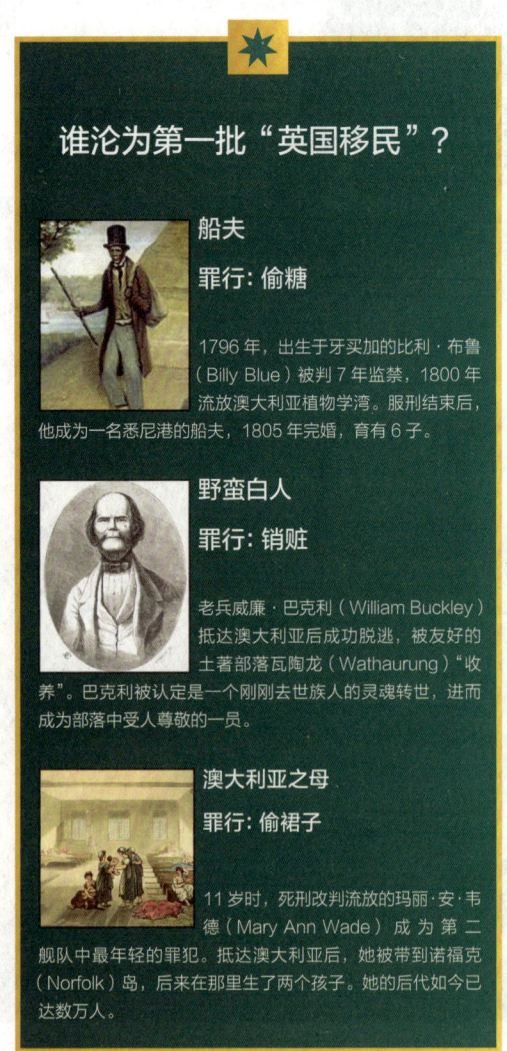

谁沦为第一批"英国移民"？

船夫
罪行：偷糖

1796年，出生于牙买加的比利·布鲁（Billy Blue）被判7年监禁，1800年流放澳大利亚植物学湾。服刑结束后，他成为一名悉尼港的船夫，1805年完婚，育有6子。

野蛮白人
罪行：销赃

老兵威廉·巴克利（William Buckley）抵达澳大利亚后成功脱逃，被友好的土著部落瓦陶龙（Wathaurung）"收养"。巴克利被认定是一个刚刚去世族人的灵魂转世，进而成为部落中受人尊敬的一员。

澳大利亚之母
罪行：偷裙子

11岁时，死刑改判流放的玛丽·安·韦德（Mary Ann Wade）成为第二舰队中最年轻的罪犯。抵达澳大利亚后，她被带到诺福克（Norfolk）岛，后来在那里生了两个孩子。她的后代如今已达数万人。

▲ 由库克船长指挥的英国海军科考船"奋进"号

Collins）带领7名自由人和15名罪犯前往距澳大利亚东部1412千米的小岛诺福克岛。他们在第一舰队落脚悉尼一个月后抵达该岛。此后一年，又有更多的罪犯被送去那里参与看起来颇有前景的生产劳动。

也许是为了避免发生直接冲突，抑或出于体现岛上的军事存在，1790年，菲利普决定将这位脾气暴躁的少校和一支海军陆战队派往诺福克岛。不过，这次调动并未达到预期效果。罗斯继续与柯林斯副总督和自己的手下争执不休。排水量540吨的"天狼星"（Sirius）号在海军陆战队押运罪犯的过程中触珊瑚礁失事后，他宣布戒

囚犯的一天
第一批移民的生活十分艰难，受到的惩罚也相当残酷

踏车
另一种形式的惩罚。一些大型踏车有24个踏板，需要24名罪犯才能踩转起来。平均工作量是完成风车转动160圈。

案头差事
并非所有的罪犯都从事累得要死的体力劳动。会读书写字的罪犯通常会留在室内，帮助处理一些殖民地的经营和案头工作。

奔向自由
严酷的条件使一些罪犯心灰意冷，伺机逃跑也便不足为奇。如果被抓，他们通常会被送到诺福克岛，等在那里的将是更加残酷的生活。

耕种
许多流放殖民地都会组织种地以便自给自足。但一些殖民地设在不适合农耕的地区，因此这种做法的收效因地而异。

严4个月。虽然没有造成人员伤亡，但船只及船上给养全部灭失，给岛上人员带来了巨大压力。在短短几年的时间里，诺福克岛从一个小型作坊定居点变成了一个劳动密集型劳改营。劳动力全是澳大利亚土地上恶贯满盈的罪犯，看守是不服管理的军官。

▲ 塔斯马尼亚岛副总督大卫·柯林斯

鞭打
不守规矩的犯人会受到不同的惩罚。常见的有用九尾鞭抽打后背，这会令犯人痛不欲生。

岗亭
白天，囚犯们由一名军人和其他监工看守，晚上则被关进小木屋以防逃跑。

田间劳作
遵规守纪但不学无术的犯人将被安排到大田干活，为殖民地提供食物的同时兼顾自身需求。

锁着的罪犯
用铁链锁在一起干活令罪犯们望而生畏。他们不得不戴着重约4.5千克的脚镣和铁链干活，如修建新路。

1791年，罗斯回到悉尼，在被解除指挥权后立即被遣送回英国。罗斯离开后，诺福克岛仍然主要用作监狱岛，专门关押来自澳大利亚大陆的罪大恶极的犯人。在芮福·达令（Ralph Darling）总督治下，对囚犯的管束变得更加残酷。

　　亚瑟·菲利普创建的体系旨在最大限度地利用好每一个罪犯。罪犯的出生地、宗教信仰和诸如疤痕或文身等身体特征都会被一一记录在案。此外，还要了解他们之前的职业和文化水平以便加以区分，因人而异地确定各自适合承担的任务。只要肯干，这些额外的劳动力使用起来总是很方便，任何有一技之长的人终究会有用武之地。随着植物学湾和悉尼这两个流放殖民地逐渐扩展到澳大利亚农村地区，涌入这个新大陆寻找财富的自由移民不仅需要木匠、铁匠和农民，还需要女佣、保姆、搬运工和其他仆人。不管罪犯的背景如何，每个人都能分得一项差事：受

第一舰队航程

特内里费（Tenerife）岛，圣克鲁兹（Santa Cruz）
1787年6月3日
一场密谋哗变未遂后，这支舰队得以幸存下来，抵达西班牙加那利（Canary）群岛的特内里费岛，在那里停留了一周，补充食物和淡水。有一名罪犯试图逃跑，但总体表现良好。

英国伦敦
1787年5月13日
共有11艘船载着1420余名新殖民者（其中半数以上是罪犯）启程前往世界另一端。此次航程耗时8月有余。他们的补给中有兔子、猪、马和羊……当然还有老鼠。

南非好望角
1787年10月13日
尽管下流行为要受到惩处，但船上男女滥交仍非常普遍，尤其是在甲板上允许女犯锻炼的地方。当舰队抵达非洲大陆最南端进行补给并为新殖民地运载牲畜时，一些女犯有了身孕。

巴西里约热内卢
1787年8月5日
横渡大西洋前往南美洲的航程格外炎热，令人难熬。疾病流行，虱子、蟑螂等到处都是，淡水定量供应。一些罪犯半途暴毙。当舰队抵达里约热内卢时，菲利普上将命令对船只进行彻底清洗。

修路建桥的繁重工作每周7天，每天要干上14—18个小时。

过教育的人得以从体力劳动中解脱出来，协助诺福克岛的管理工作，而一些妻子和母亲的任务只是生儿育女，让殖民地人丁兴旺起来。

在殖民地初创数十年间，那些负责建造房屋和基础设施的罪犯的生活更加艰难。脚镣被广泛使用，监工挥舞的鞭子动辄落在他们的身上。修路建桥的繁重工作每周7天，每天要干上14—18个小时。表面上看，劳役的目的是在服刑期满时将这些罪犯改造成新的殖民者，假如表现良好甚至还有机会获得自由。

那些因罪孽深重而被流放的犯人如果逃跑被抓，可能会面临

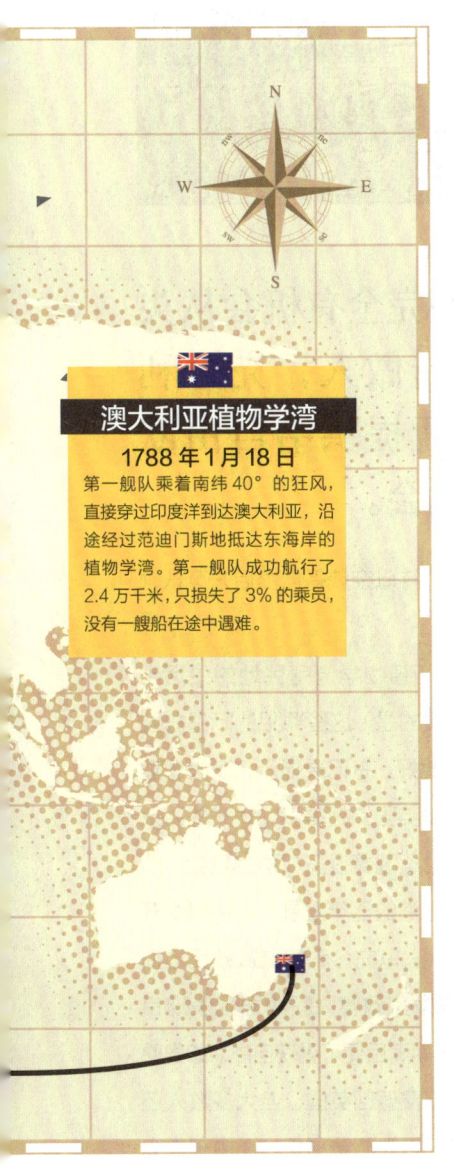

澳大利亚植物学湾
1788年1月18日
第一舰队乘着南纬40°的狂风，直接穿过印度洋到达澳大利亚，沿途经过范迪门斯地抵达东海岸的植物学湾。第一舰队成功航行了2.4万千米，只损失了3%的乘员，没有一艘船在途中遇难。

▲ 一艘驶向植物学湾的船上的罪犯

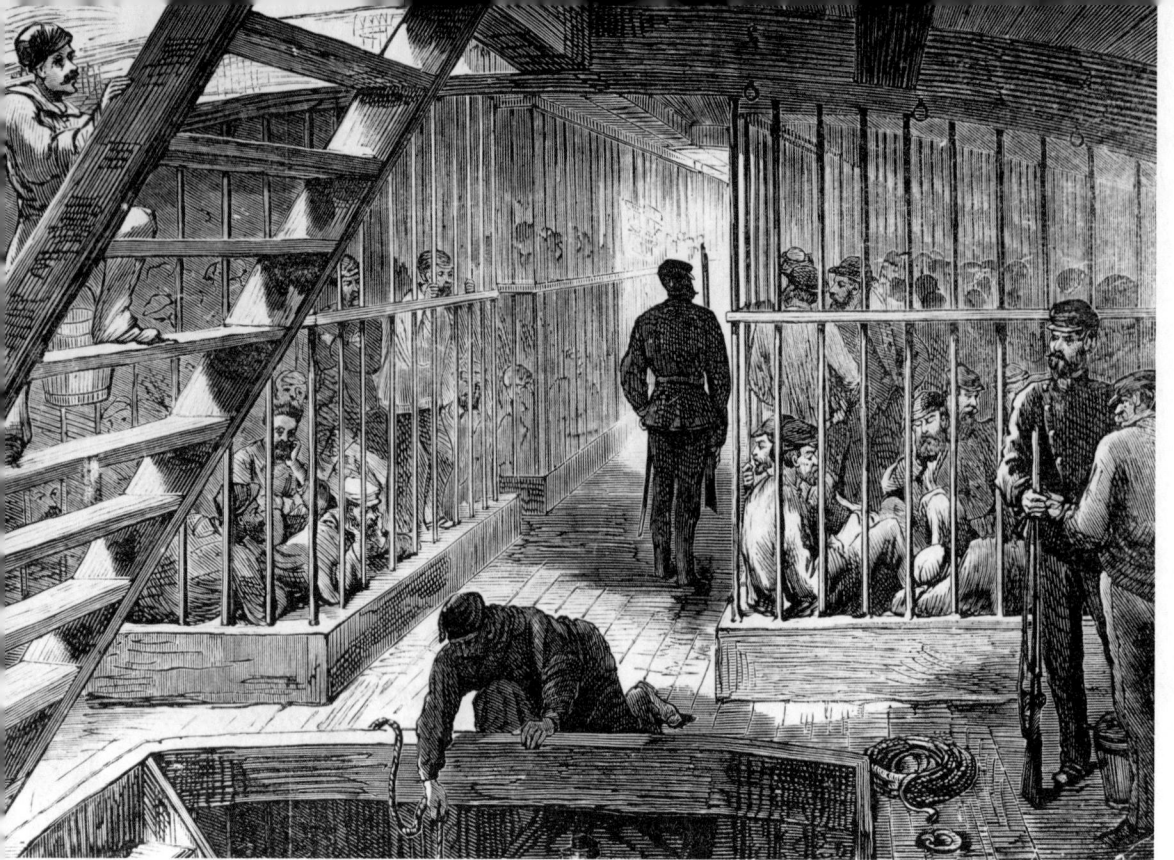
▲ 开往澳大利亚的运输船上被关在船舱牢笼里的囚犯

死刑，或者至少要在诺福克岛上度过一段极为艰难的时光。那些被分配到自由移民家庭去充当仆人的罪犯，日子过得也不轻松。他们任由主人摆布，经常遭受虐待。

不过，罪犯并非完全没有任何权利。鉴于殖民地政府业已支付他们的衣食费用，因此，如果罪犯的主人不让他们吃饱穿暖，对他们进行不当体罚，或不准他们得到充分休息，当事人可以投诉。假设被告被判有罪，原告可能会被重新分配给其他人，而他们以前的主人可能会因此永远失去让罪犯为他们服役的权利。

植物学湾和杰克逊港的女性流放者与男性分开惩戒。第一舰队6艘监狱船中有一艘搭载120名罪犯，清一色女性。抵达目的地后，她们被关进一座名为"女性工厂"的监狱。在那里等待分配任务期间，她们要从事洗衣、缝纫和纺纱的劳动。在8个月的航行中，被流放到澳大利亚第一个惩教殖民地的许多妇女都带着孩子，或者在途中生产。孩子在断奶之前一直和她们在一起，然后会被送到孤儿院，待母亲获得自由后方可认领团聚。

> 罪犯们完全有机会从头开始，重新做人，充分利用澳大利亚提供给自由欧洲白人的机会。

虽然在创建之初植物学湾殖民地的生活十分艰难，但毋庸置疑的是，这些罪犯的际遇总要比远在英国的罪犯要好。有记录显示，澳大利亚罪犯的食品质量要比英国的好得多。对一些人来说，这片新土地上也蕴藏着很多成熟的机会。随着植物学湾和杰克逊港的逐年发展，自由男女开始从英国向这里移民，以充分利用流放殖民地提供的廉价劳动力来发家致富。假如罪犯表现良好，遵纪守法，服刑期满后便可重获自由。如果愿意，他们可以支付旅费返回英国，但大多数人还是选择留下来，不仅因为旅费昂贵，还由于作为曾经的英国罪犯在这片新土地上根本不存在耻辱感。他们完全有机会从头开始，重新做人，利用澳大利亚提供给自由欧洲白人的许多机会向社会上层攀爬，而这在英国本土是根本不可想象的。

在接下来的50年里，公众舆论渐趋认为《运输法案》是一种极其残酷的惩罚形式，开始群起而攻之。1850年，在奴隶制最终被废除17年后，将罪犯流放至新南威尔士不断拓展的殖民地的运输之旅也被废除。然而截至彼时，数十万欧洲人已经在这片新大陆上定居下来，其中许多人更名改姓，把黑暗的过去抛诸脑后，迈向新国家澳大利亚的未来。

严惩

鞭笞

令人难以置信的是，立法居然规定一次鞭笞罪犯限制为"仅"50下。稍有不从就可能遭到鞭打，而虐待狂式的看守则热衷于煽动囚犯闹事。

禁闭

对于最轻微违反监规者，将在一间名为"女修道院"的肮脏小号内进行一次为期约两周的单独监禁。这间高、宽各2.4米的牢房虽系"单间"，但里面会塞进多达12名囚犯。天气炎热时，这里地狱般的经历会令人终生难忘。

饥饿惩戒

虽然大陆流放地的食物配给相对充足，但诺福克岛上的罪犯却显然不敢如此奢望。达令总督要把殖民地的惩罚变成最接近死刑的惩罚。向恶贯满盈的罪犯提供变质面包和水，以便他们得以规规矩矩地生存下来，就是确保这一政策落到实处的一种手段。

诺福克岛：狱中狱

在启航前往澳大利亚的3个星期之前，菲利普上将接到政府指示，在诺福克岛上建立一个殖民地，以防像法国这样的他国势力宣称占有该岛。诺福克岛约35平方千米，面积足以让人轻松安顿下来。该岛拥有丰富的松木资源，而且似乎特别适合亚麻生长。这两种战略资源都不可或缺：高大的云杉可以制造主桅，亚麻可以用来制作风帆。

早期，岛上虽然到处都是定居者，但人们很快发现无人具备编织亚麻的手艺，而且尽管岛上树木高大，但木材过于脆弱，无法承担主桅的受力。诺福克岛民试图耕种这片土地，但由于咸涩的海风导致作物歉收，或者作物被毛毛虫和波利尼西亚大鼠吃掉，岛民们处于食不果腹的边缘。

诺福克岛饱受连连厄运和治理不善的困扰，1814年因运营成本过高和地理位置偏远而遭遗弃。10年后，在达令总督令人难以置信的惩罚体制下，第二个流放殖民地在那里建立起来，成为累犯或试图逃避大陆苦役的罪犯流放之地。诺福克岛的状况非常糟糕，暴乱几乎不可避免。1834年，一场有数百名罪犯参与的骚乱只持续了7个小时，随后遭到施虐般的报复。

澳大利亚殖民冲突

当欧洲定居者把澳大利亚土著人世代生息的土地据为己有时，冲突自然不可避免。持续几个世纪的紧张局面由此滥觞

本·加祖尔

从詹姆斯·库克船长踏上后来成为澳大利亚的土地伊始，就发生了冲突。试图在植物学湾登陆的库克及其水手看到了"几个土著人和几间棚屋。我们坐着小船向南岸上的男女老幼划去，希望与他们攀谈"。

第一次接触

1770年4月29日，詹姆斯·库克进入了他称之为黄貂鱼（Stingray）湾的水域，因为海水中黄貂鱼的数量很多，但人们更熟悉的名称是植物学湾。他们从帆船上放下几条小船，在发现的村庄附近登陆。不过，这次邂逅并没有按库克船长的计划进行。"当我们靠泊南岸时，他们一哄而散，只剩下两个男人，似乎想阻止我们上岸。我见状立刻命令水手们停止划桨，以便同他们搭话。不过没有什么用，因为我们和图皮亚（Tupia，塔希提领航员）都听不懂他们在说些什么。"

库克试图安抚他们。"随后，我们把一些钉子、珠子等东西扔给岸上的他们。他们看上去好像并没有不太高兴。我以为他们默许我们上岸。"可是，在这一点上库克船长想错了。"我们刚把船往岸边划，他们就又上前阻止。我端起滑膛枪朝两人中间开了一枪，只是为了把他们吓退。他们身后堆着一捆捆飞镖，其中一名男子捡起一块石头朝我们扔来，于是我又开了一枪。虽然有些小弹丸击中了那个人，但没有看出来有什么效果。"

这种暴力行径在澳大利亚早期历史中俯拾皆是。由于欧洲人和土著人之间的误解，造成的后果可能更加严重。亲身见证植物学湾这场初次遭遇的年轻艺术家西德尼·帕金森（Sydney Parkinson）在日记中记录，土著男子高呼"Warra Warra Wai"，他把这句话解释为"走开"。

然而，现代达拉瓦尔人（Dharawal），也就是库克船长见过的那些人的后代，认为这句话的意思是"你们都死了"。相传初次看到库克船队高扬的白帆的土著人以为它们是一片低垂的云。当地土著人相信死魂灵驾云而行，故而把库克及其水手当成了鬼魂，他们在保护自己的家园免受擅自闯入的食尸鬼的袭击。

此后，当库克船长宣布澳大利亚东部归英国王室所有时，更大规模的文化冲突已不可避免。

无主土地

当库克探索澳大利亚海岸时，他没有看到任何对欧洲人来说可以永久定居的地方——这里没有耕地。土著人既没有成文法，也没有对他们居住的地方宣誓主权。在大多数欧洲人看来，澳大利亚就是无主土地。

假如澳大利亚未被土著人开垦和利用，那么英国政府就会认为出于自己的目的而对其加以利用未尝不可。当然，问题是澳大利亚土著人

▼ 詹姆斯·库克以英国王室的名义宣称拥有澳大利亚，但他没有征得久居那里的土著人的同意

对这块大陆长久以来的使用与欧洲的生活范式截然不同。由于不承认土著人的土地所有权，英国政府于1786年决定对该大陆进行殖民。此举不仅为英国人在太平洋提供了一个安全港口，也为他们在失去北美殖民地后开辟了新的罪犯流放之地。

1788年，总督亚瑟·菲利普率领的由定居者和罪犯组成的第一舰队抵达杰克逊港。他们在那里创建的殖民地后来发展成为悉尼市。他们根本没有征求该地区土著人的意见。

英国人的到来恰逢新南威尔士人口急剧减少时期。在欧洲人到来之前，具体有多少土著人生活在澳大利亚不得而知，但众所周知的是，极有可能是殖民者传入的天花和其他疾病使大量土著

▼ 20世纪60年代，支持给予澳大利亚土著人充分权利和尊重的抗议活动方兴未艾

人死于非命。

菲利普总督还算那个时代较为开明之人。他命令手下士兵非必要不得射杀澳大利亚土著人。然而，当定居者和土著人之间发生冲突时，为弥合双方之间的鸿沟，他曾命令绑架一个名叫阿拉巴努（Arabanoo）的土著男子。正如菲利普在写给英国国内的一封信中所说："我们绝对有必

许多冲突由殖民者的行为所引起，而不是澳大利亚原住民。

要掌握他们的语言，或者教会他们我们的语言。如果他们受到伤害，我们可以向他们指出补救的方法，并通过展示与我们交往的诸多好处来实现与他们的和解。"

被俘的阿拉巴努被戴上手铐，用铁链和绳索拴住，被迫学习英语。虽然许多欧洲定居者对其"毫无粗野之嫌的举止"感到满意，但阿拉巴努从未真正充当过两种文化之间的调解人。在英国人圈子中生活了6个月后，他死于天花。

当殖民地的两名罪犯在殖民地外遇害时，菲利普派出一队士兵前往调查。他们被200名携带武器的土著人包围，但还是设法避免了一场冲突。尽管菲利普渴望和睦相处，但罪犯遇害之事时有发生，殖民当局并未把责任全都推给土著人。一位律师认为："所有这些不幸都应公平地归咎于殖民者的固执己见，而非土著人性情使然。"罪犯从土著人那里偷盗武器和其他物品作为纪念品早已人尽皆知。

最初的冲突

双方之间的误解仍在继续。1790年9月，菲利普总督在曼利湾（Manly Cove）一头搁浅的鲸鱼旁与一群土著人会面时，其中一名土著勇

士误认为他的举止带有攻击性。一柄长矛投向总督，刺穿了他的锁骨和脊柱。总督命令他的部队不要进行报复。长矛拔出后，他竟然奇迹般地逐渐恢复了元气。

1790年12月，菲利普总督的猎场看守人约翰·麦金太尔（John McIntyre）被长矛刺中，身负重伤，很快便撒手人寰。殖民者和土著人之间爆发了第一次真正的冲突。虽然貌似无妄之灾，但有人认为起因是麦金太尔杀害了几名土著人。袭击他的那个人是比基加尔（Bidjigal）部落的潘姆嵬（Pemulwuy）。或许是对自己曾经遭到的长矛攻击耿耿于怀，菲利普总督派出一批海军陆战队士兵去抓捕潘姆嵬，想要"震慑一下当地人，来个杀一儆百"。

潘姆嵬和他的追随者袭击了几处英国定居点，杀掉了农耕用牲畜，把庄稼付之一炬。及至1801年，新任总督菲利普·金（Philip King）被潘姆嵬的危险行为所激怒，公开悬赏潘姆嵬的人头。后来，潘姆嵬被击毙。

边界战争

潘姆嵬奋起抵抗欧洲人对土著部落土地的侵占，只是后来被统称为"边界战争"的众多小规模冲突和战斗中的首场。其子泰德伯里（Tedbury）指挥了对农场的突袭，捕走了牲畜。随着英国人逆霍克斯伯里（Hawkesbury）河而上向前推进，占据越来越多的农田，生活在那里的原住民揭竿而起。金总督把英国领地的边界称作一条"血线"。

1794—1816年，霍克斯伯里和内比亚（Nebea）两地战事频仍，数万英亩的土地被殖民者瓜分。如果土著人反抗，殖民者就会派出军队加以驱赶。在这些争夺土地和资源的交锋中，双方各取所需。

温德拉丹与巴瑟斯特战争

新南威尔士的威拉祖利人（Wiradjuri）与欧洲殖民者的第一次接触是平和的。然而，殖民者的领土快速扩张政策使双方关系迅速恶化。

1822年，数个欧洲人农场遭到威拉祖利人的袭击，农民受伤。被派到这片土地上劳动的罪犯格外容易受到攻击。一个名叫温德拉丹（Windradyne）的威拉祖利年轻人很快就被认定为敌对土著人的领袖。

后续的冲突被称为巴瑟斯特（Bathurst）战争。一队士兵逮捕了温德拉丹，将他囚禁了一个月。起因是一些威拉祖利人从地里偷走了土豆，遭到追杀，温德拉丹带人对这次袭击进行了报复。

温德拉丹带领勇士们对定居者、农场和牲畜发起了偷袭，打完就跑。布里斯班总督宣布戒严，集结更多士兵前往该地区。随后发生了几起针对土著人的暴力袭击事件，受害者大多是妇女和儿童。当时的一份报纸报道称"巴瑟斯特及其周边地区正在陷入一场灭绝性战争"。

在许多威拉祖利人投降的情况下，头上戴着一顶写着"和平"字样草帽的温德拉丹率领一些代表来到总督面前，并得到赦免。

▲ 对土著人袭击殖民者场景的描绘增强了人们的恐惧感，加深了双方业已存在的误解

▲ 这幅当代画作展示了菲利普总督在双方出现误会后被土著人用长矛刺伤的场景

很久以前，澳大利亚土著人就在这片如今被英国人窃踞的土地上生活，而今无法如愿，只能开始偷袭他们的农场。1803年，当金总督与3名土著达鲁格人（Dharug）交谈时，他问他们为什么对英国人满怀敌意。

"在问及与新定居者不睦的原因时，他们率真地答道，霍克斯伯里河沿岸可供他们生存的地方本来就没剩下几处。他们不愿意被撵走，在那里他们至少可以填饱肚子。而今白人占领了两岸的土地，他们只好顺流而下。如果他们穿过白人领地，定居者就会发怒，向他们开枪。如果能在河的下游给他们留出一些地方，他们就会感到满意，不会再给白人制造麻烦。"据估计，从首次接触一直到1934年的澳大利亚边界战争，至少有4万名澳大利亚土著人被杀，其中包括在武装冲突中惨遭射杀的人，也包括大屠杀的死难者。相比之下，此间只有2000名殖民者死亡。

冲突双方的力量对比相差悬殊，这意味着土著人在冲突中的处境通常更糟。英国军队携带枪支，而土著人根本谈不上拥有火器。他们试图调整战术，等到对手重新装弹时再投出长矛，但之后证明此举不足以对付训练有素的英国士兵和他们的密集火力。

一些欧洲人确实承认对澳大利亚土著人的伤害。1837年，卫斯理教会传教士弗朗西斯·塔克菲尔德（Francis Tuckfield）说："政府正在快速处置原住民自古以来就占有的土地。除此之外，政府批准的定居者可以在这片广袤领地上的任何地方定居，而且自从引进了大量牛羊以来……原住民蒙受了重大损失，却没有得到相应的补偿。他们的领地遭入侵，猎物被赶走，澳大利亚山药根和其他珍稀的根茎被白人的羊群吃掉，对他们的剥夺、虐待和蹂躏日渐猖獗。"

尽管土著人偷袭得手的情况相对较少，但许多欧洲定居者仍惶惶不可终日，生活在对袭击的恐惧之中。不幸的是，这种恐惧导致了多起屠杀，虽然这往往系个人所为而非有组织暴行。1847年，托马斯·库茨（Thomas Coutts）向

▲ 在白人警官指挥下组建的土著警察力量，协助边界的治安管理

在对土著人实施大屠杀之后，白人被逮捕、审判的情况很少，而由此被定罪的情况更为罕见。

当地土著人分发有毒面粉，导致袋鼠溪大屠杀爆发，共有23人被毒死，更多人受伤，而库茨却从未被定罪。

1837年，"土著警察"部队开始组建，由土著男子构成，白人警官指挥。这些警察部署在边界，以维持偏远地区的治安。土著男子的追踪能力通常比白人警察要强很多，在追捕罪犯方面大有用武之地。白人殖民者还利用他们对付其他土著人，通常采取法外处决的方式把土著人"驱散"。土著警察会被派往远离家园的地区执勤，这意味着往往不会让他们对自己的族人和家人下手。

在东巴利纳（Ballina）大屠杀中，土著警察和白人骑警前去办理一桩谋杀案。据称，土著犯罪嫌疑人已经逃往邦加隆（Bundjalung）族群东巴利纳恩扬巴尔（Nyangbal）部族营地，因此警方趁着夜色将营地团团围住，朝睡梦中的300名土著人开枪，打死至少30人，多人受伤。该部族的口述历史称，许多人被从悬崖上赶下去摔死。但没有人因参与屠杀而受到审判。

法律压迫

不幸的是，这种事司空见惯。在对土著人实施大屠杀之后，白人被逮捕、审判的情况很少，而由此被定罪的情况更为罕见。然而，法律对殖民者所称的"土著人"的歧视却更加直接露骨。例如，1905年出台的《土著人法案》是"规定如何更好地保护和照顾西澳大利亚土著

迈奥尔溪大屠杀

并非所有针对土著人的暴力案件都没有受到惩处。1838年，大约35名土著维拉亚雷人（Wirraayaraay）在一个畜牧站附近露营。畜牧站的一个牧民邀请他们进到站里躲避，以免遭到以澳大利亚土著人为目标的定居者的袭击。

6月10日，趁着土著男人们不在时，包括邀请土著人的那名男子在内的12个人将土著妇女和儿童捆绑起来，带走后用刀砍死，28人惨遭屠戮。

当大屠杀最终披露出来时，11名犯罪嫌疑人被逮捕并接受审判。一审时，陪审团仅审议了20分钟，就判定11人全部无罪。然而，鉴于新的举证，二审再次开庭。不过，这场审判极具争议，不得不到街上拉来陪审员才能把审判继续下去。

结果，7名被告被判有罪并处以极刑，1838年12月18日执行绞刑。这是第一批因暴力侵害澳大利亚土著人而被处决的白人。

▲ 迈奥尔（Myall）溪大屠杀已经成为澳大利亚历史上针对土著人的最臭名昭著的暴行之一

居民的法案"。事实上，该法案通过确立首席保护人的地位而使土著人"婴儿化"。此外，该保护人有权将孩子从土著父母身边带走，并在孩子16周岁之前出任"所有土著和混血土著儿童"的法定监护人。任何想与白人男子通婚的土著妇女都必须获得首席保护人的书面许可。这项法律直到1964年才被废止。

根据这项法律，某些地区禁止土著人进入。他们无法对政策产生真正的影响，因为他们没有投票权。直到1965年，昆士兰州才成为准许土著人参加选举的最后一个州。公然歧视和赤裸裸的种族主义仍然在日常生活中大行其道。

"白澳政策"（The White Australia Policy）是由不同团体提出的一系列建议，旨在让澳大利亚免受移民的影响。他们打着"澳大利亚人的澳大利亚"旗号，可极具讽刺意味的是，他们却恣意剥夺了那些长久以来生活在澳大利亚的土著人的权利。

针对土著人的最持久和最具破坏性的政策或许就是那些催生出被偷走的一代（Stolen Generations）的政策。继承白人和澳大利亚土著人混合传统的人越来越多，这令政府中的一些人为此忧心忡忡。1937年4月在堪培拉举行的澳大利亚土著福利会议（ICCSAA）决定："会议认为，非纯正血统土著人的最终命运在于被联邦人民所同化，因此建议竭尽全力以达此目的……联邦政策是尽一切可能将混血土著人转变为白人公民。"

与会者认为，如果人人都接受欧洲世界观，遵循欧洲文化规范，那么创造同质和谐的澳大利亚公民的目标就为期不远。同化政策旨在迫使所有土著人在这一理想模式中就范。会议宣布："同化政策意味着，澳大利亚各级政府认为，作为单一澳大利亚社会的成员，所有土著人和混血土著

同化政策的强制施行酿成了被偷走一代的悲剧。

人最终都应践行与其他澳大利亚人相同的生活方式，享有相同权利，承担相同责任，遵守相同习俗，信奉相同信仰，胸怀相同愿景，像其他澳大利亚人那样无限忠诚。"

实际上，同化政策令澳大利亚土著人惊恐万分。儿童，尤其是混血儿，经常被强行从父母身边带走，送到机构中抚养。当权者图谋让这些孩子成为"澳大利亚人"。由于1905年推行的法案，混血儿的父母不能成为他们的法定监护人，国家不需要授权便可将儿童从家中带走。据估计，在60年的时间里，至少有两万名儿童被强行带离家园，实际数字可能更高。

不足为怪的是，许多以这种方式被偷走的儿童精神上遭受了重创。这项政策源于认为土著人父母不称职的偏见，但新近研究表明，被偷走的一代在新家中饱受虐待。

现代关系

20世纪60年代，人们对澳大利亚历史进行了重新评估。一位历史学家论及了在澳大利亚历史研究方面集体呈现出来的"噤若寒蝉般的沉默"。长期以来，人们对土著人发挥的作用一直视而不见。这种对历史的再度审视引发了人们对揭露澳大利亚殖民地真相的重新关注。

近年来，澳大利亚针对土著人所设置的大多数法律障碍都已铲除。今天，有关澳大利亚土著人的种族歧视仍不乏其例，土著人遭警察拘留期间死亡风险相对更高就是明证之一。此外，据2021年土著民调显示，半数以上的土著人表示在过去两年中至少经历过一次严重的歧视行为。许多领域里的偏见可能都有所收敛，但未来消除种族偏见仍有很长的路要走。

2008年，澳大利亚时任总理陆克文（Kevin Rudd）在联邦议会向澳大利亚土著人正式道歉。在演讲中，他特别提及被偷走的一代所经历的苦难。他说："澳大利亚历届议会和政府所制定的法律和政策给我们的同胞造成了巨大悲伤、痛苦和损失，在此我们正式道歉。"

从首次发现到叛乱、政治变革，
探秘 19 世纪澳大利亚淘金热如何塑造了这个国家

波比·杰伊·圣帕尔默

▲ 新南威尔士淘金热期间淘金工淘金场景。淘金热改变了澳大利亚的历史进程

▲ 在埃德温·斯托奎勒（Edwin Stocqueler，1829—1900）创作的这幅画中，可见工作中的澳大利亚淘金工及他们入住的金矿区帐篷

▲ 爱德华·哈格雷夫斯因是第一个公开在澳大利亚发现黄金的人而闻名遐迩，尽管事实上他的同伴约翰·利斯特才是秘而不宣的更早发现者

1848年，当詹姆斯·马歇尔（James W.Marshall）在加利福尼亚萨特磨坊（Sutter's Mill）附近发现黄金时，世人全都收拢脚步，驻足聆听。人们对这一消息的反应前所未有：来自世界各地的大约30万人接踵而至，涌入"黄金之州"，疯狂地梦想着一夜暴富。尽管马歇尔在史上占有一席之地，但他并不是新世界第一个掘金人，因为这种贵金属在澳大利亚殖民地早有发现。

1841—1844年，地质学家威廉·布兰怀特·克拉克（William Branwhite Clarke）牧师在新南威尔士的考克斯河里偶然发现了几小块黄金。他拿给朋友、时任新南威尔士总督乔治·吉普斯（George Gipps）爵士欣赏，吉普斯回应道："赶紧收起来，克拉克先生，不然我们的脑袋都得搬家！"于是，克拉克的发现被雪藏起来。英国人真的不想要什么淘金热，因为他们担心澳大利亚的淘金热会引发罪犯造反。在加利福尼亚淘金热开始之前，澳大利亚就发现很多黄金但刻意秘而不宣。1839年，探险家保罗·德·斯特雷茨基（Paul de Strezlecki）在维多利亚阿尔卑斯山发现了黄金；1840年，威廉·坎贝尔（William Campbell）在维多利亚斯特拉斯劳登（Strathloddon）牧场里发现了黄金。农民们经常带着发现的黄金前往悉尼，然后在那里悄悄出手，生怕殖民地发现黄金的事而传得沸沸扬扬。

尽管利斯特曾警告过哈格雷夫斯，但后者还是把金矿的消息在全市炒得沸沸扬扬。

▲ 1854年宪章派在贝克里山（Bakery Hill）宣誓效忠尤里卡旗。这幅水彩画现为巴拉腊特美术馆藏品

Swearing allegiance to the "Southern Cross"

有人在萨特磨坊附近发现黄金的消息传出后,大约6000名澳大利亚人操起棍子加入了加利福尼亚淘金大军。新南威尔士新任总督查尔斯·菲茨·罗伊(Charles Fitz Roy)不顾一切地想让人们留下来。他说服英国政府给予任何成功在澳大利亚挖掘出大量黄金的人1万英镑的奖励。第一个成为焦点人物的探矿者是爱德华·哈格雷夫斯(Edward Hargraves)。不惑之年以前,他曾做过牧羊人、捕捞海参者、水手、客栈老板、店主和船代。因此,当他决定转行在黄金勘探方面碰碰运气时,也算不上什么惊人之举。哈格雷夫斯是1849年涌向加利福尼亚的6000人中的一员,但由于出师不利,听到悬赏后的他立即返回新南威尔士。他愿意为此孤注一掷。

哈格雷夫斯确信他能在巴瑟斯特大发一笔,因为这里的地貌与加利福尼亚州金矿周围的极其相似,但他的自信惹来了人们的嘲笑。决心要笑到最后的他得到了当地一个名叫约翰·利斯特(John Lister)的男孩的帮助。利斯特以前在该地区发现过黄金,只是从未告诉过任何人。两人搭起营地,开始用在加利福尼亚见过的探矿者使用的木制淘沙架采矿。1851年2月12日,哈格雷夫斯终于时来运转。他跟着利斯特来到刘易斯塘溪(Lewis Ponds Creek),发现了第一块金子。

欣喜若狂的他转过身对同伴说:"这是新南威尔士历史上值得纪念的一天。我将成为一名准男爵,你会被封为爵士,我的这匹老马将被做成标本,放进玻璃罩子送往大英博物馆展出。"

尽管哈格雷夫斯将这一发现视为个人的胜利,但在那之后,他自己并没有找到多少黄金,反倒是利斯特及其朋友威廉和詹姆斯·汤姆做出了所有重大发现。3人最终在最初发现黄金的下游地段发现了4盎司[①]足金。垂涎三尺的哈格雷夫斯称自己有急事要先走一步,要求他们把找到的所有金子全都交由他保管。

他一路狂奔前往悉尼,将黄金交给了总督府,于是人们称其为"唯一也是第一个发现足金的人",由此获得的赏金1万英镑全部被他据为己有。除现金赏金外,他还谋得了黄金区王室土地专员一职,退休后每年可稳稳领取250英镑的养老金。尽管利斯特曾警告过他,但哈格雷夫斯还是通过《悉尼先驱晨报》(Sydney Morning Herald)把金矿的消息在全市炒得沸沸扬扬。

哈格雷夫斯尽管使出浑身解数欺骗金矿同伴,但最终在劫难逃。1890年,也就是他们发现黄金近40年后,他被带上法庭。新南威尔士立法会经调查发现,利斯特和汤姆兄弟俩"无疑是最先发现澳大利亚黄金储量有开采价值的人"。然而,这场迟到的胜利悲喜交加,利斯特在本应出庭作证的当天倒地身亡。调查报告被悄然搁置,哈格雷夫斯仍以澳大利亚黄金发现者的身份招摇过市。

政客、农民和商人全都对澳大利亚出现淘金热感到惶惶不安,担心大家会一股脑儿全都跑到金矿去圆发财梦。他们的担心是对的,因为事情果真发展到了这步田地。听闻哈格雷夫斯的成功故事后,每个人都急不可耐地想要分一杯羹。到1851年5月,已有300名梦想矿工蜂拥而至,来到哈格雷夫斯新建的帐篷城、以所罗门王传奇般的财富之城命名的俄斐(Ophir),开始挖掘黄金。客栈老板离开了客栈;老师们把学生留在了校舍;水手们把船只遗弃在港口。澳大利亚淘金热由此掀起。

突然之间,金子遍地都是。许多探矿者在

---

① 1盎司约为28.3495克。

新南威尔士和维多利亚发了横财，过上了骄奢淫逸的生活，而其他人则没那么幸运。很多淘金者为了一枕黄粱而失去了工作和家庭，从金矿铩羽而归。尽管损失惨重，但淘金热还是以一种人们始料未及的方式改变了澳大利亚。世界各地前往该地区希望能一夜暴富的人络绎不绝，导致移民数量激增。在短短20年内，澳大利亚人口从437655人飙升至170万人。澳大利亚农业也成了大赢家，数十万新增人口需要养活，大量命运多舛的前矿工纷纷走进田间地头寻找工作和未来。淘金热带来的额外收入反过来又用于建设澳大利亚。巨额财富重新投入现代城市建设，同时启动了大规模铁路和灌溉项目以惠及前来淘金的新移民。由于利斯特和汤姆兄弟的发现，澳大利亚人突然之间坐享起世界最高的生活水准。

除移民和农业方面的长足发展，淘金热也助力民主在澳大利亚生根。立法出现转折的最具标志性事件之一是尤里卡（Eureka）起义。截至1853年，近7.8万移民来澳大利亚定居，汇入维多利亚淘金大军，其中很多人前往中央高地的新兴城镇巴拉腊特。许多移民系被称为宪章派、积极为工人阶级争取政治权利和影响力的英国民主活动家，或是参加过1848年席卷欧洲的反政府抗议活动的人。

当追求更加美好生活的移民远渡重洋来到这里的时候，他们发现事情并不像他们想象的那样。金矿区可供购置的土地所剩无几，而只有土地拥有者或支付高额房租的人才能行使投票权。女性则根本无权投票（尽管这在当时司空见惯）。投票规则毫无意义可言。淘金者必须付钱办理执照方可采金，此举被视为缴税。正是办证费养肥了金矿警察，他们反过来定期开展大搜捕，无照采金者都会锒铛入狱。大搜捕行动由詹姆斯·约翰斯顿（James Johnston）指挥，他恰巧是乔治·约翰斯顿的侄子，而正是这个乔治1804年在醋山（Vinegar Hill）镇压了爱尔兰起

尤里卡旗

1854年，在贝克里山爆发的著名尤里卡起义期间，白蓝两色的尤里卡旗首次迎风飘扬。1854年11月24日，《巴拉腊特时报》（Ballarat Times）写道："11时许，'南十字星'升起。它的处女秀看上去格外迷人。"当时，人们通常把这面旗帜称作澳大利亚国旗和南十字星旗，在1855年尤里卡审判中，人们也称其为"淘金者之旗"。

据信，这面旗帜由加拿大矿工亨利·罗斯（Henry Ross）设计，上面的图案是南十字星座的风格化变体。该星座位于银河系南天明亮段落，以4颗星为中心组成。人们认为该旗的简洁设计受到澳大利亚联邦国旗早期设计的影响，而联邦国旗则是对英国国旗进行了微缩。作为抗逆姿态，尤里卡旗将英国国旗排除在外。

尤里卡栅栏之战后，该旗帜的碎片得以保存下来，目前由巴拉腊特美术馆馆藏。这面制作于澳大利亚历史关键时期的旗帜，现已作为重要文物列入维多利亚历史遗产名录。

▲ 尤里卡旗的简洁设计灵感来自银河系中的南十字星座

《巴拉腊特时报》

《巴拉腊特时报》编辑亨利·西坎普（Henry Seekamp）因煽动暴乱、发表有关巴拉腊特改革同盟的措辞激烈的社论而被捕后，他的搭档克拉拉·杜瓦尔（Clara du Val）继任，成为澳大利亚报界首位女编辑。该报编辑部位于贝克里山上的房子里，离砾石采掘坑很近。

当霍瑟姆总督未点名指责"外国人"发动叛乱时，克拉拉自告奋勇写就了一篇慷慨激昂的文章来声援淘金者。

在1855年元旦出版的那期报纸上，她写道：

"外国人都是由谁构成的？……这个国家除了澳大利亚还能是什么？能说她更是英国的而非爱尔兰、苏格兰、法国、美国、意大利、德国的吗？能说这里的人口、财富、才智、进步和学识都是也只能是英国的吗？不，澳大利亚人不是英国人，而是自成一体的澳大利亚人。任何置身这个国家的移民，无论来自哪个地区或哪个民族，只要为澳大利亚的福祉和进步做出了贡献，他就不再是外国人。最新的移民就是最年轻的澳大利亚人。"

▲ 尤金·冯·盖拉德（Eugene von Guerard）创作的彩色画作描绘了1853—1854年巴拉腊特帐篷城的景象

义，1808年领导了针对新南威尔士总督威廉·布莱（William Bligh）的朗姆酒叛乱。

巴拉腊特的许多矿工对现行法规感到不满，于是联手试图做出改变。1854年秋，苏格兰矿工詹姆斯·斯科比（James Scobie）在尤里卡酒店遇害，矿工们的反政府情绪渐趋高涨，事态很快发展到了顶点。酒店老板詹姆斯·本特利（James Bentley）是本案的主要嫌疑人，但涉嫌贪腐的巴拉腊特地方法官撤销了对他的所有指控。当矿工们烧毁尤里卡酒店以示抗议时，政府的反矿工情绪也被点燃。既然矿工们引发了政府的关切，新成立的巴拉腊特改革同盟便顺水推舟将他们的要求公之于众，并有意与金矿专员罗伯特·雷德（Robert Rede）和时任维多利亚总督查尔斯·霍瑟姆（Charles Hotham）爵士展开谈判。在威尔士宪章派约翰·巴森·汉弗莱（John Basson Humffray）的领导下，他们要求释放纵火者，降低办照费，按需办理月份或季度采金执照，新人应有15天注册期然后再行缴费，淘金者可用收入购置土地以从事农业生产，减轻对无照采金者的处罚，叫停金矿警方巡逻等。

这些要求遭到政府的断然拒绝。雷德专员非但没有回应改革同盟的诉求，反而增加了警力，命令150名英军士兵从墨尔本火速进驻巴拉腊特。此举自然令矿工们群情激愤。1854年11月29日，贝克里山周围聚集了大约1.5万名金矿工人。他们焚烧了臭名昭著的采金执照，首次升起了"尤里卡"旗。翌日，詹姆斯·约翰斯顿集结部下展开大规模搜捕，以此作为对矿工抗议行动的回应。

当地牧师西奥菲勒斯·泰勒（Theophilus Taylor）对事件做了记载。他写道："今天上午，警方像往常一样对采金执照进行检查，但遭到拒绝，由此引发了骚乱。结果，骑兵和军队出动，事态变得非常严重。有几个人被带走，亢奋情绪几个小时后才平息下来。下午，暴徒聚集起来，到了晚间，叛军俨然已经形成。"

愤怒的矿工重新在贝克里山附近聚集起来。这时，来自著名民族主义家庭的激进爱尔兰年轻人彼得·莱勒（Peter Lalor）站出来高声呐喊"自由！"，一时间矿工们个个义愤填膺。在愤怒的声浪中，人们推举莱勒为新领袖，把新旗帜带到尤里卡矿，开始搭建栅栏。由于栅栏系用木板和翻倒的手推车匆忙拼建而成，因此看上去摇摇欲坠。莱勒指示铁匠为栅栏打造铁蒺藜，确定口令是"醋山"，这与爱尔兰和澳大利亚的爱尔兰民族主义大败有关。他还鼓励矿工们和他一起宣誓"尤里卡誓言"："我们向南十字星发誓，要真正站在彼此一边，为捍卫我们的权利和自由而战。"

1854年12月3日星期日凌晨，在约翰·托马斯（John W. Thomas）上尉的指挥下，近300名警察和英军突袭了起义者大本营，尤里卡栅栏之战由此点燃。由于没人料到袭击竟然会发生在安息日①，因此枕戈待旦的150人被打得措手不及，毫无还手之力。许多淘金者除了几条破枪和剧院道具外什么都没有。尤里卡栅栏可谓弱不禁风。它的初衷只是让起义者聚拢在一起，而不是为拒敌于金矿之外。一旦政府军发动袭击，淘金者的计划是"在采砂坑上迎击他们"或"向加拿大老矿沟（Canadian Gully）高地撤退"。

几乎是一边倒的战斗一共持续了15分钟，至少22名淘金者和6名士兵丧生。据信，还有更多的淘金者受伤，但由于害怕政府追剿，他们躲藏起来没有寻求帮助，因此承受了巨大的痛苦。莱勒本人也身负重伤，手臂需要截肢。他趁

---

① 犹太教主要节日之一，该日停止工作。

▲ 这幅1887年创作的木刻版画细致描绘了所有被捕的13名起义者全部无罪释放后维多利亚人的欢庆场景

尤里卡栅栏起义纪念碑建于1884年以纪念该事件。

乱藏到一堆木材下面，躲过了一劫。

尤里卡栅栏之战的消息很快传遍了墨尔本和金矿地区，但在冲突发生后的几周里，秩序便似乎逐渐恢复，金矿专员雷德继续铁腕施政。然而，山雨欲来风满楼。虽然政府赢得了这场战斗，但他们或许会输掉整场战争。政府出手激怒了维多利亚人，他们全都力挺惨遭镇压的矿工。

在栅栏里被捕的13名矿工以叛国罪被告上法庭，但最终被无罪释放。其中有来自美国的黑人矿工约翰·约瑟夫（John Joseph），经过陪审团半小时的审议，他被裁决"无罪"。法庭上顿时响起了一阵热烈的掌声。倍感错愕的首席大法官威廉·贝克特（William á Beckett）谴责掌声影响了陪审团的裁决，并立即以藐视法庭罪判处两名当庭欢呼的男子入狱一周。约翰·约瑟夫的判决结果令当地人激动万分。他们让他坐到一把椅子上，抬着他在墨尔本大街上凯旋般游行。闹剧似的审判之后，雷德专员遭到解职，被安置到维多利亚农村的一个无关紧要的岗位上。

对起义军的指控被撤诉只是他们胜利的开始。迫于公众压力，政府最终废除了采金执照，取而代之的是年度采矿权，允许淘金者利用小额资金来开采、竞标和使用闲置土地，出口费用依据发现的黄金价值进行计算。1855年，彼得·莱勒在无对手选举中代表巴拉腊特当选维多利亚立法会议员。

作家马克·吐温在其1897年创作的《赤道环游记》

（Following the Equator）中，将尤里卡起义描述为澳大拉西亚历史上最美好的事情。"这是一场革命，规模虽小，但政治意义重大。"他写道，"这是一场争取自由的战斗，一场坚持原则的斗争，一场反对不公正和压迫的拼搏。这是打了败仗却赢得胜利的又一个实例，为历史增添了光荣的一页，令人们铭记并为之感到骄傲。在尤里卡栅栏内外倒下的人不死，彼得·莱勒的丰碑永远耸立在人们的心中。"

澳大利亚历史对尤里卡起义有多种不同解读。有人认为这是普通民众团结起来反对帝国暴政，争取更好生活的抗争。还有人认为这是贪婪的外国人联手反对政府，企图窃取澳大利亚黄金并逃税的苟且之举。尽管众说纷纭，但不可否认的是，起义对这个国家的政治生活产生了深远的影响。

起义后民主情绪的突然高涨导致了政治景观的巨大变化，其中包括领先世界的社会实验。1856年，旨在允许选民在选举或公投中采取无记名投票的方法开始试行。随之而来的是男性普选。无论是否拥有土地或支付租金，每个成年男子均有投票权。接踵而至的是1856年墨尔本石匠实行8小时工作制。在揭竿而起的淘金者的鼓舞下，过度劳累的工人放下手中工具，离开工作岗位，直到雇主答应他们每天工作不超过8小时。如今，澳大利亚拥有的劳动环境堪称世界一流。

对澳大利亚来说，19世纪淘金热的意义远超黄金的价值。除了移民、就业、财富和基础设施的增加，脆弱的政治环境意味着劳动人民能够获得足够的动力去做出真正的改变。没有黄金，澳大利亚就不会是今天这个样子。

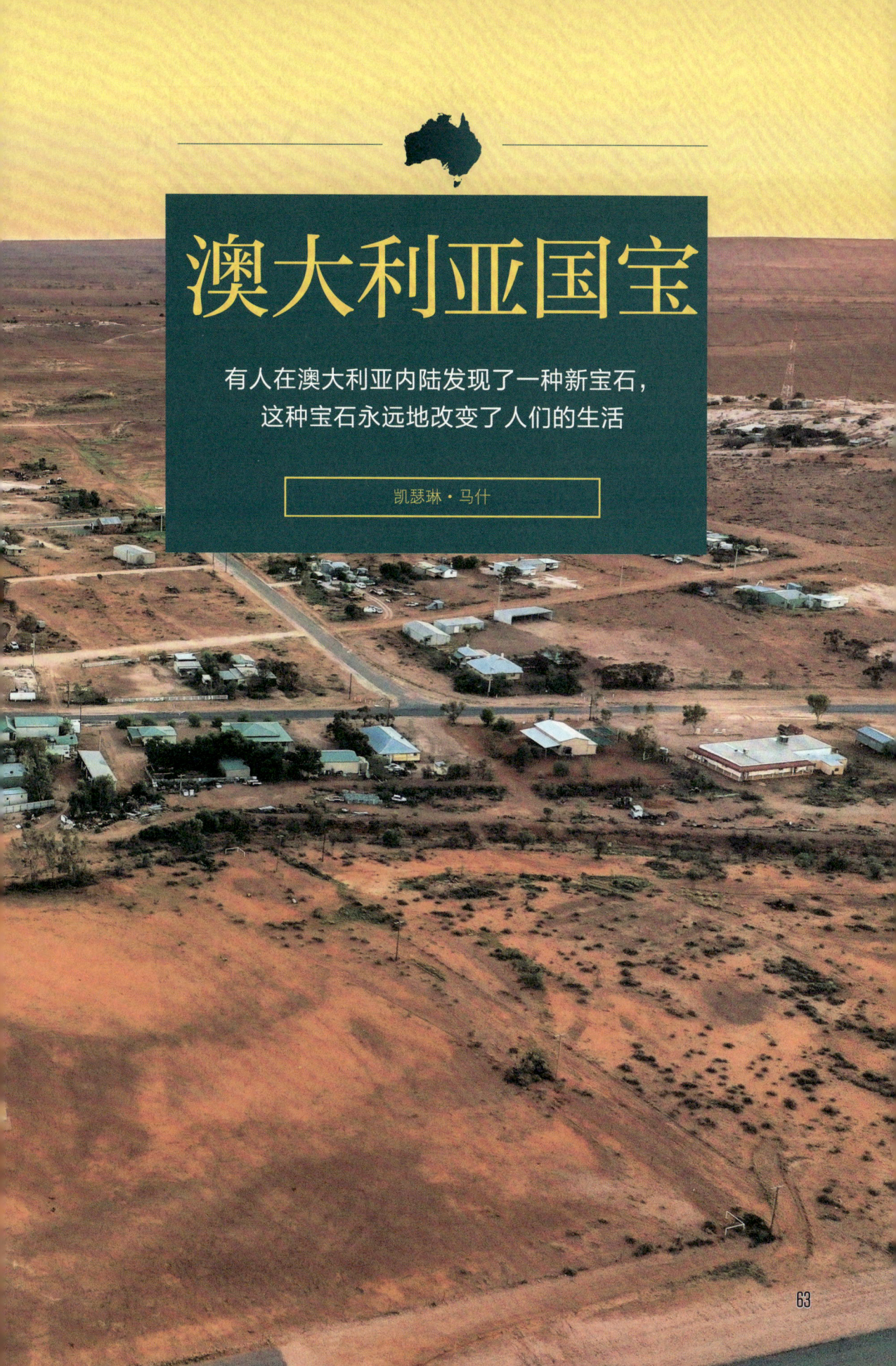

澳大利亚国宝

有人在澳大利亚内陆发现了一种新宝石，这种宝石永远地改变了人们的生活

凯瑟琳·马什

▲ 类似于小镇库伯佩迪（Coober Pedy）的澳宝矿是危险的去处。露天竖井、爆破作业和矿渣堆在远处地平线上依稀可见

▲ 经过切割和抛光的澳宝。世界上90%的这种蛋白石都产自澳大利亚，从而使澳大利亚成为澳宝业的中心

▲ 从澳宝矿里开采出来的澳宝原石。澳宝的质量优于世界其他地方的同类产品

1869年,人们在澳大利亚发现了第一块澳宝[1]。从此,昆士兰中西部农村地区的利斯托尔当斯(Listowel Downs)便在不知不觉中开始逐渐替代一直在主导这种蛋白石产业的东欧,成为澳宝业的中心。

不过,澳宝产业并没有立即繁荣起来。昆士兰的铁澳宝矿和闪电岭矿直到19世纪80年代才引起人们的注意,而澳宝登上世界舞台则是19世纪80年代后半期的事情。

这一切都离不开塔利·沃拉斯顿(Tullie Wollaston)的努力。在踏查完澳宝矿后,他前往伦敦与经销商会面,结果发现他们对这种澳大利亚宝石疑心重重,因为它看起来品质极佳。尽管如此,他还是坚持不懈地推销。他的努力很快就得到了回报。莱俪(Lalique)、卡地亚、蒂芙尼等大牌公司开始纷纷为自己的珠宝产品生产采购澳宝,根本无视匈牙利蛋白石矿散布的谣言,即澳大利亚的澳宝不真。

第一座澳宝矿于1871年开采,位于昆士兰西南内陆、今奎尔派(Quilpie)的南部。随后不久,19世纪80年代昆士兰铁澳宝矿和闪电岭矿、1890年新南威尔士白崖矿和1896年昆士兰欧泊顿矿相继开始投产。

时至今日,澳大利亚内陆澳宝的开采并没有放缓。事实上,澳宝矿藏系为澳大利亚内陆供水的大自流盆地里的昆士兰州和新南威尔士州所独有。20世纪初,由于澳宝业研发出创新性专业刀具,人们不再将粗糙的澳宝原石运往德国进行切割和抛光,使整个加工成本骤降,如今澳宝已经100%成为澳大利亚的主打产品。

截至20世纪30年代,澳大利亚产品已经独占全球澳宝市场。曾经令制造商垂涎三尺的东欧澳宝矿纷纷关闭,已无力与来自南半球的高品质澳宝竞争。如今,世界上90%的澳宝产自澳大利亚。虽然澳宝业起步时微不足道,但现在它已经成为澳大利亚的经济支柱。

---

[1] opal,一种色彩多变的宝石,又名欧泊、蛋白石、变彩石。因其主产地为澳大利亚,故名澳宝。

奈德·凯利：丛林大盗还是绿林好汉？

有人认为他是民族英雄，还有人相信他是诡诈骗子。
为何澳大利亚人对这个"不朽偶像"的看法竟有天壤之别？

本·比格斯

格雷塔（Greta）镇位于维多利亚州墨尔本市东北约240千米。这里绿树成荫，一派田园风光。拿张十一英里溪（Eleven Mile Creek）附近的田野照片给你，不仔细看你都会误以为这个住着250多人的世外桃源是爱尔兰祖先的家园。

在穿过格雷塔镇的那条大路的尽头，有一块"请勿靠近！"的褪色牌子，挂在一道坚固的铁丝网围成的栅栏上。再往远处，便是繁茂树木点缀着的连绵起伏的牧场，还有几盘锈迹斑斑的古老车轮轮毂和一根孤零零的红砖烟囱，别无其他。

尽管看起来已经随风湮灭在红尘之中，但这片土地的遗存原来实际上是澳大利亚"贼头"爱德华·"奈德"·凯利（Edward "Ned" Kelly）的旧居，围绕其生平所讲述的神话传说业已成为澳大利亚文化皇冠上的一颗宝石。为了保护这处遗迹，凯利的后代竖起了栅栏，以阻止熙熙攘攘的到访者把这处遗迹毁于一旦，因为几近150年前游客的破坏力就已经开始显现了。鉴于当今有关他

▶ 凯利帮在枪杀3名维多利亚警察后变得声名狼藉。

们祖先的故事几乎没有留下什么有形的物证，谁又能对他们的行为倍加指责呢？在英国，人们对罗宾汉的千年浪漫故事半信半疑，反倒是对扮演罗宾汉的演员凯文·科斯特纳（Kevin Costner）兴趣有加，但对许多澳大利亚人来说，奈德·凯利是一位"骨灰级革命家"。1878年，为反抗殖民当局的腐败行径，他从卑微的公地社区揭竿而起。但对有些人而言，凯利则是一个彻头彻尾的小偷、暴徒和杀手，一个操纵欲极强的利己主义者，编造出自己的传奇故事，让世人传诵。

凯利的早期历史并没有如此分裂。他的父亲约翰·"雷德"·凯利（John "Red" Kelly）是一个爱尔兰人，1841年22岁时因偷窃两头猪而被流放塔斯马尼亚岛。1848年，他穿越海峡来到维多利亚，最终与新任妻子艾伦在小镇艾文内尔（Avenel）定居下来。前科累累的雷德是出了名的偷牛贼。1866年，由于无法解释私藏的一堆可疑牛肉和毛皮的来源，加之付不起罚金，雷德被判6个月苦役。这一严苛的判决将这个55岁的老贼彻底击垮。

▲ 1879年，凯利帮持枪抢劫了新南威尔士杰里尔德里（Jerilderie）警察局

雷德并没有把家庭生活和犯罪行径截然分开，因此，孩提时的凯利在成长过程中便见证了父亲那些无法无天的罪恶。要不是他的父亲在1866年12月获释后不久就离世，刚刚10岁的小凯利就会看到警察再次把父亲带走。不难想象，如果不加约束，反威权意识和反社会情绪必将在这个老到的年轻人心田里疯长。俗话说，有其父必有其子。奈德·凯利被潜移默化地塑造成了未来的亡命之徒。他的违法叛逆是否与生俱来尚无定论，但殖民地严厉的惩罚让作为雷德·凯利儿子的他法律纠纷缠身。

接下来的10年，凯利劣迹斑斑，甚至刚一踏出家门就有犯罪之嫌。14—25岁，他在维多利亚和新南威尔士犯下了多起抢劫罪。凯利在边境两侧制造了一系列抢劫、偷马和暴力事件，与当地警察亚历山大·菲茨帕特里克（Alexander Fitzpatrick）结下了梁子（有人说他俩起初是朋友）。当亚历山大前来抓捕凯利的弟弟丹时，凯利开枪射中了亚历山大的手腕，从此成为传奇侠盗，逃进了丛林，也走进了澳大利亚传说中。

丛林强盗

马丁·凯什（Martin Cash）
凯什因妒火中烧向人开枪而在爱尔兰科克郡遭到流放。1828年，他来到澳大利亚，开始疯狂犯罪。令人难以置信的是，后来他居然浪子回头，改过自新，于1859年成为一名警察。

"殖民地野孩子"
在奈德·凯利被捕50年前，杰克·多诺霍（Jack Donohoe）率领那帮英国和爱尔兰罪犯劫富济贫，成为凯利时代的传奇人物。凯利帮在与警方决战之前还唱起了歌颂他的歌曲。

黑道格拉斯
1851年，澳大利亚经历了自己的淘金热，数百名探矿者蜂拥而至维多利亚，随后掀起了一股犯罪浪潮。一个名叫黑道格拉斯的追踪者通过敲诈淘金者留在金矿附近帐篷里的金子而赚得盆满钵满。

"疯狗"摩根
丹·摩根的犯罪动机似乎是为了利益而诉诸暴力。他因冲动杀人而出名，有与凯利类似的反威权意识。

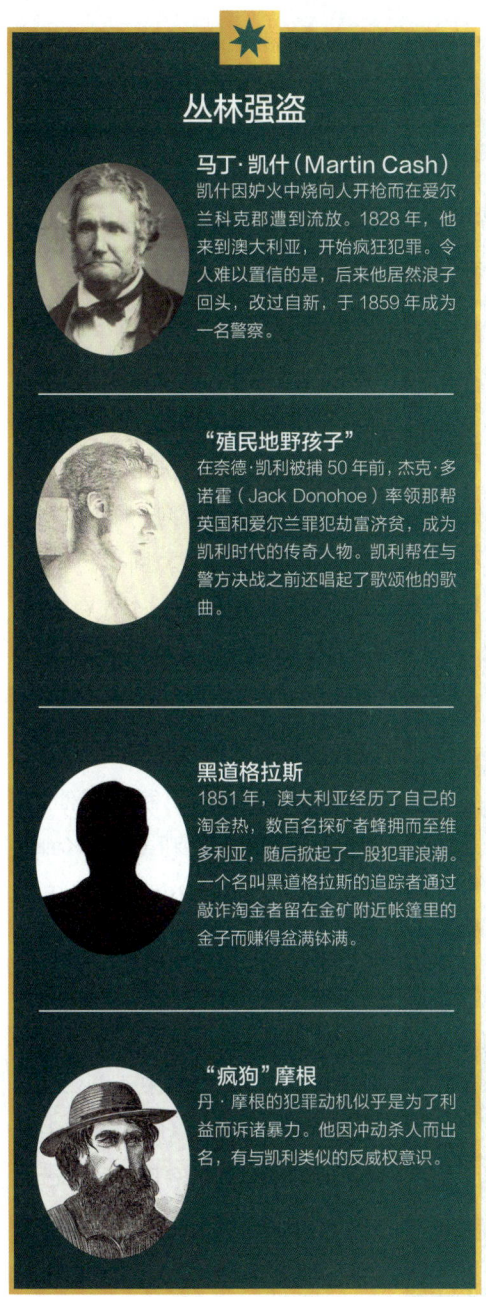

▲ 长达56页的杰里尔德里公开信由凯利口授，旨在为他自己的行为辩护

人受过之后，头脑发热的凯利需要为自己的荣誉讨个说法。他坚持要和赖特进行一场拳击比赛，结果当然是凯利赢了。

关于凯利对警官菲茨帕特里克的袭击，还有另外一个版本。凯利说，当警察醉醺醺地来到他家并威胁他的母亲时，他甚至都不在场。据凯利讲，在随后发生的与丹·凯利的撕打中，菲茨帕特里克因撞上门锁而受伤。菲茨帕特里克挨了一顿揍就走了，后来他称遭到凯利兄弟围殴，手腕上的伤是枪击所致。这一说法替他挽回了一些颜面，也保住了他那身警服。

逃脱之后，奈德·凯利在写给菲茨帕特里克的上司、维多利亚议员唐纳德·卡梅伦（Donald Cameron）的信中称："即使烧杀抢夺无恶不作，也不会玷污我的形象。感谢上帝，我的良心清白如秘鲁高山上的积雪。"由此可以相当肯定地讲，

凯利似乎总能为自己的罪行找到借口或理由。当因骑朋友以赛亚·赖特（Isaiah Wright）盗来的马匹而被捕时，他声称自己不知道这匹马是偷来的。随后与抓捕警察的打斗使他锒铛入狱，在彭特里奇（Pentridge）监狱服刑3年，其中包括在臭烘烘的监狱船里关押3个月。在为

恶棍

道格·莫里西

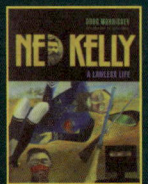

作家、历史学家、反偶像崇拜者道格·莫里西（Doug Morrisey）是《奈德·凯利：无法无天的生活》一书的作者，抨击了"人们对丛林游侠犯罪行为的粉饰"。2016年，该书入围澳大利亚历史总理文学奖，康纳科特（Connor Court）出版公司和亚马逊网上有售。

"当你仔细审视历史和掺杂其中的动机，就可以看出奈德·凯利是在通过自己的行为来进行自我谴责，而舞文弄墨者并没有发现任何问题。凯利是一个暴力、自恋的职业罪犯。他霸凌周围的人，始终一意孤行。他犯下了谋杀罪。假如他那令人不寒而栗的格伦罗旺颠覆列车计划得逞，他将沦为一个大屠杀者。如今许多人将其视为英雄，与虚构的神话和传说有很大瓜葛。凯利版神话与历史事实大相径庭。很多以史实为依据的澳大利亚人把凯利看作一个道地的盗马贼和杀手。然而，神话激发了澳大利亚人的想象力。他们把凯利当成了顶礼膜拜的英雄，但实际上，凯利受之有愧。

"凯利神话在其有生之年便已不胫而走。他成功地把自己的所作所为宣传了出去，在丛林游侠中扮演了不折不扣的'绅士'角色。尽管'带枪的坏小子凯利'把当代公众迷得神魂颠倒，但其同时代人却认为他是杀人犯和罪犯。直到'二战'之后，醉心于凯利传奇的作家们才开始将其写成政治革命者和人民捍卫者。而此时，凯利缔造东北维多利亚共和国的过往愿景受到瞩目，尽管在其生前并没有市场。所有这一切的证据只存在于凯利后来崇拜者的幻想之中。他们误读了凯利的动机，对格雷塔社区或凯利所处的拓荒时代知之甚少。凯利的'勇敢'并不像今天的公众和媒体所刻意认为的那样。他把从银行抢来的钱挥霍得分文不剩，已经走投无路，身负重伤的他可能还有些醉意。他孤注一掷，向警察发起以卵击石般的攻击，是在告诉人们，他已经对绿林游侠的生活厌恶至极。他一直在说绝不会让警察活捉自己，但当受伤倒地时，他却苦苦哀求警方饶他一命。

"把凯利与罗宾汉相提并论纯属罔顾历史事实。他抢劫银行是为了获得保障食宿和庇护的资金，从未在其犯罪团伙之外进行过分赃。销毁银行记录之举更多的是为了做秀，而非切实为贫苦农民免除债务。这一神话成为书籍、电视剧和电影等的永恒主题。受众只津津乐道于好人和坏蛋之争。可一个永远回避不开的问题是，究竟如何界定谁是好人，谁是坏人？就凯利而言，答案很简单：作为一名掠夺者，他过着无法无天的生活，从未对自己一手制造的谋杀和乱局有丝毫歉疚之感。这难道就是澳大利亚人乃至世人奉若神明的草莽英雄吗？"

奈德·凯利至少内心毫无负罪感。

在这封著名的致卡梅伦的信中，凯利煞费苦心地向一心想把他做掉的警方道出了内心的不满，称警察"过去常常吹牛，要先开枪放倒我，然后再让我喊投降"；还称在他逃亡期间，"警察手里拿着左轮手枪，多次闯进我家，打翻牛奶，弄撒面粉，摔碎成筐的鸡蛋，扔得满地都是，把所有能吃的东西全都弄脏弄坏；还把女孩子像狗一样推到房间里，任意虐待和侮辱她们"。

凯利在信中对一个重要事件，即臭名昭著的1878年10月26日桉树皮溪（Stringybark Creek）谋杀3名警察案给出了自己的解释。可以确信的是，凯利和其他3个人——丹·凯利（Dan Kelly）、乔·伯恩（Joe Byrne）和史蒂夫·哈特（Steve Hart）——袭击了被派来抓捕凯利帮的、在露营地里毫无防备的4名警察。

结果，4名警察中有3人死亡，即迈克尔·肯尼迪（Michael Kennedy）、托马斯·洛尼根（Thomas Lonigan）和迈克尔·斯坎兰（Michael Scanlan），警官托马斯·麦金太尔（Thomas McIntyre）侥幸逃脱。凯利的讲述读起来像是一部独行侠电影的剧本，称他给了这些人投降的机会，只是当他觉得自己生命受到威胁时才要了他们的命。"我向他保证，我会给他们一次机会。"他对麦金太尔如是说。当

▲ 在最后一次与警方对峙时，奈德·凯利穿了一身铠甲

奈德在维多利亚和新南威尔士边境两侧制造了一系列抢劫、偷马和暴力事件。

▲ 游客不得进入十一英里溪的凯利旧居遗址

时，4名不法之徒正守在那里，等着另外两名警察露面。当他杀死肯尼迪时，"我把他的斗篷盖在他身上，尽我所能地让他体面地死去。即便是我自己的兄弟死了，我也不会这么难过。"

3名殉职警察都是爱尔兰裔。凯利可能真觉得自己与他们有某种联系，尽管麦金太尔似乎并不这么认为："……就像众多丛林里生活的年轻人一样，他为自己生在澳大利亚感到自豪，并没有因为自己出身某个特殊民族而感到与众不同。他最喜欢的一句口头禅是：'我倒要让他们看看当地人的厉害。'"

现在，我们就来看看奈德·凯利究竟如何成为这个新生国度传说中的"偶像"的。

1879年初，桉树皮溪事件之后，这4名不法之徒还犯下了其他重罪。他们抢劫了两家银

▲ 维多利亚州立图书馆费尽周折收集和组装了凯利的铠甲

英雄

布拉德·韦伯

布拉德·韦伯（Brad Webb）是一家网站的作家和管理员。该网站是一个有关奈德·凯利的专门网站，自互联网诞生以来，变换各种形式存在着，每年吸引的访客超过35万。对任何想了解凯利帮有关情况的人来说，它都是一个宝贵的资源。

您认为这些年来奈德·凯利被污名化了吗？

凯利在他短短的25年人生里树敌不少。大地主、警察和司法部门都迫不及待要置他及其同伙于死地。即使在他被判谋杀罪后，主审法官雷德蒙德·巴里爵士仍拒绝他的律师向合议庭上诉的请求，这显然是对自然正义的无耻嘲弄。皇家调查委员会可能是奈德·凯利留给澳大利亚的一笔最伟大遗产。奈德是一位直言不讳的鞭笞者。警方追捕凯利帮的方式以及在整个维多利亚东北地区的暴行遭到了他的强烈谴责。皇家调查委员会的调查结果开创了一种公众问责和自我检视传统。时至今日，这种传统仍为维多利亚州警方所赓续，从而打造出了堪称世界一流的警察队伍。

格雷塔社区一直在力挺奈德·凯利吗？

和维多利亚东北部的许多小镇一样，格雷塔主要由贫困潦倒的公地居民组成。凯利家族也不例外。和该地区的其他家庭一样，他们相依相靠，抱团取暖。公地居民受到来自擅自占地者的公然抵制和敌意。这些被称为"开屏孔雀"的人仗着自己有钱有势来操纵游戏规则，想方设法攫取对河流和溪流沿岸旺角土地的控制权。待政府意识到制度出了问题，需要加以改善，已是多年以后的事情。与此同时，一代公地居民就这样在殖民地剧烈的矛盾冲突中成长起来，而他们的生存环境已没有他们的立足之地。正是在这样的背景下，奈德·凯利才揭竿而起，成为时势缔造的"英雄"。

为什么奈德·凯利在澳大利亚家喻户晓？

凯利被处绞刑后，反凯利主流文学将他描绘成一个无情的罪犯，但在口头文学和民歌中他却是广为传颂的大众英雄。凯利离世半个多世纪后，"舆情发生了转向"，人们开始对他抱有更多的同情心。第一部支持凯利的重要作品是肯尼利（J.J. Kenneally）编著、1929年出版的《凯利帮及其追随者全本秘史》。在接下来的50年里该书一直畅销。世界各地的报纸平均每周都会刊载一篇以奈德·凯利为主题的报道。在谷歌搜索引擎上输入关键词奈德·凯利，马上就可以检索出近1100万条相关信息。人们通过音乐、文字、绘画和电影等多种形式来纪念他。关于凯利帮的书籍、歌曲和网站比其他任何一个澳大利亚历史人物的都要多。诸如服装、玩具、酒等，都与凯利这个名字有着千丝万缕的联系。可以说，奈德·凯利真是澳大利亚的草莽传奇。

行，掠走了黄金、白银、金镑①和本票，金额高达数千英镑，约合今天的100万澳元。新南威尔士悬赏缉拿凯利帮的赏金飙升至4000英镑，也就是说，每抓到一人就兑现1000英镑。维多利亚则外加4000英镑。但这4名不法之徒完全成了入海的泥牛，音讯皆无，遁入了凯利家附近十一英里溪的丛林之中安营扎寨。而警察则在城里巡逻，担心自己的丛林生存术无法与这些游侠匹敌，而且在桉树皮溪事件发生后，一想到要深入穷乡僻壤、进入陌生地界，他们就感到坐立不安。经过一年对凯利帮心不在焉的追捕，当地人对警方已经失去了信心和尊重。到1880年6月，对凯利帮的悬赏期已过，丰厚的赏金被撤销。受到之前与警方交手经历的鼓舞，凯利帮把抢劫目标瞄准了维多利亚贝纳拉（Benalla）的银行。为分散注意力，他们决定先打死一名受警方保护的线人，于是他们干掉了亚伦·谢里特（Aaron Sherritt），轻松解除了保护他的4名警察的武

---

① 旧时英国金币，面值一英镑。

▲ 凯利帮在桉树皮溪谋杀案中伏击了4名警察

装,然后直奔格伦罗旺(Glenrowan),意欲捣毁铁路线以阻止增援部队的到来。他们没有料到的是,这里也最终成为凯利帮的覆灭之地。

奈德·凯利最著名的遗物是一顶头盔和一身铠甲,如今为维多利亚州立图书馆所收藏。11岁时,凯利曾在休斯溪(Hughes Creek)里救出了溺水的7岁儿童理查德·谢尔顿(Richard Shelton),由此获得了一条绿腰带的奖励。在格伦罗旺最后一战中,他在铠甲下面还系着这条血迹斑斑的腰带。

这些东西的象征意义显而易见,如何看待关键取决于你的立场:要么是一个身披正义铠甲的少年英雄,要么是冷酷无情的铠甲杀手。如果在格伦罗旺的琼斯夫人酒店的围攻和枪战中凯利没有披挂上阵，那么就连对打造这身铠甲背后的真正意图，人们也会有大相径庭的解读。这身铠甲把除腿部以外的躯干和头部防护得严严实实，警方的火力拿它毫无办法，而正是暴露的双腿成了奈德·凯利的致命弱点，结果被警方的子弹击中。这身铠甲究竟是为了保护凯利帮在城里打拼时不受枪弹的伤害，还是像有些人怀疑的那样，是为了保护他们免遭援军居高临下的袭击？

随着警察和民兵的包围圈越缩越小，为安抚格伦罗旺琼斯夫人酒店里的被劫持人质和支持者，凯利帮甚至还组织了一场派对。凯利追随者的基础已经形成，就连城镇居民中支持凯利帮的都大有人在。然而，无论凯利计划策动什么样的革命，这终将是凯利帮的最后一战。

警察和当地民兵包围了酒店。最终，凯利帮中3名成员死亡，只有凯利幸存。腿上的枪伤被包扎好后，他被送上了法庭，直到绞索套上了脖

▲ 凯利的遗容面模。为死后的丛林侠盗制作面模是维多利亚时代的常见做法

这4名不法之徒完全成了入海的泥牛，音讯皆无，遁入了凯利家附近的丛林之中。

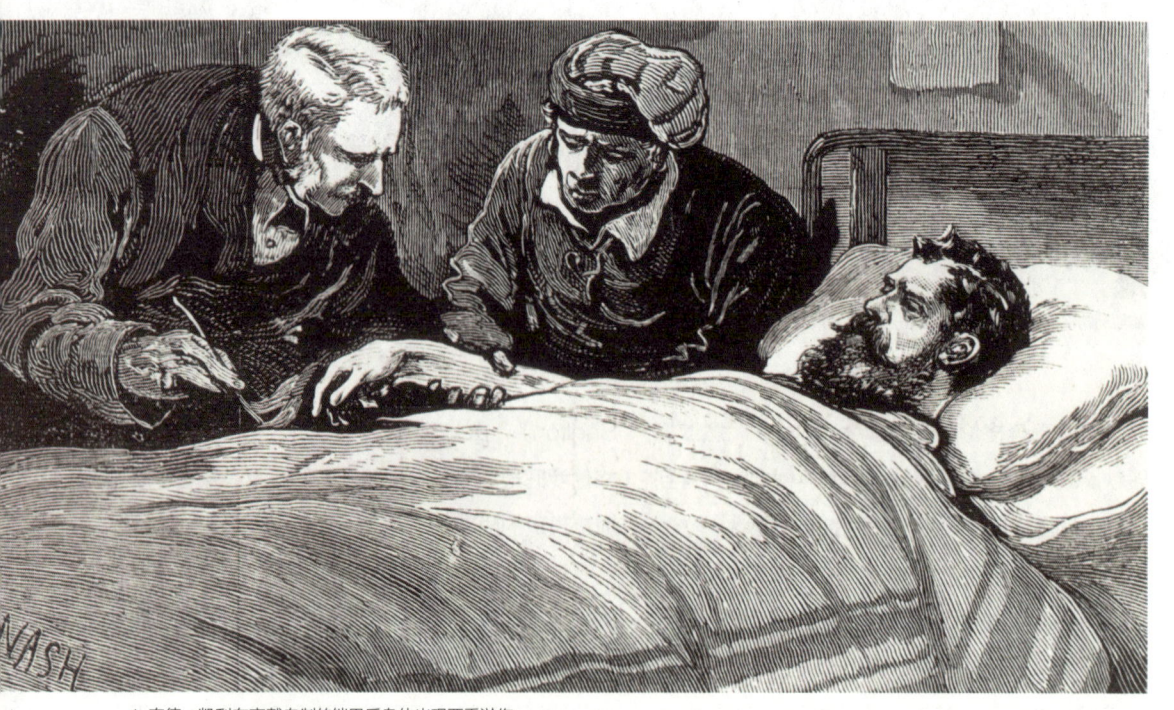

▲ 奈德·凯利在穿戴自制的铠甲后身体出现严重淤伤

颈，凯利仍宁死不屈。一份由3万多名（有人称遭到胁迫）支持者签名的请愿书提交给了维多利亚总督，但没起到什么作用。法官雷德蒙德·巴里（Redmond Barry）爵士宣判了凯利的死刑，一切都已盖棺定论。不过，凯利还有最后一句话要说。当巴里法官说出"愿上帝怜悯你的灵魂"这句本应令罪犯魂飞魄散、乖乖就范的话时，凯利却说："我要多说一句的是，我在那边等着你。"

至少可以说，英雄也好，恶棍也罢，都是主观臆断。奈德·凯利的确做过一些坏事，而且他做这些坏事时可能没有像英雄那样无私，尽管他所抨击的当局并不比他好到哪儿去。随着时间的流逝，真相正在与我们渐行渐远，最终只剩下一个熟悉的民间传说，在世界各个角落流传。谁知道数年或数百年后这位传奇人物又将以何面目示人呢？

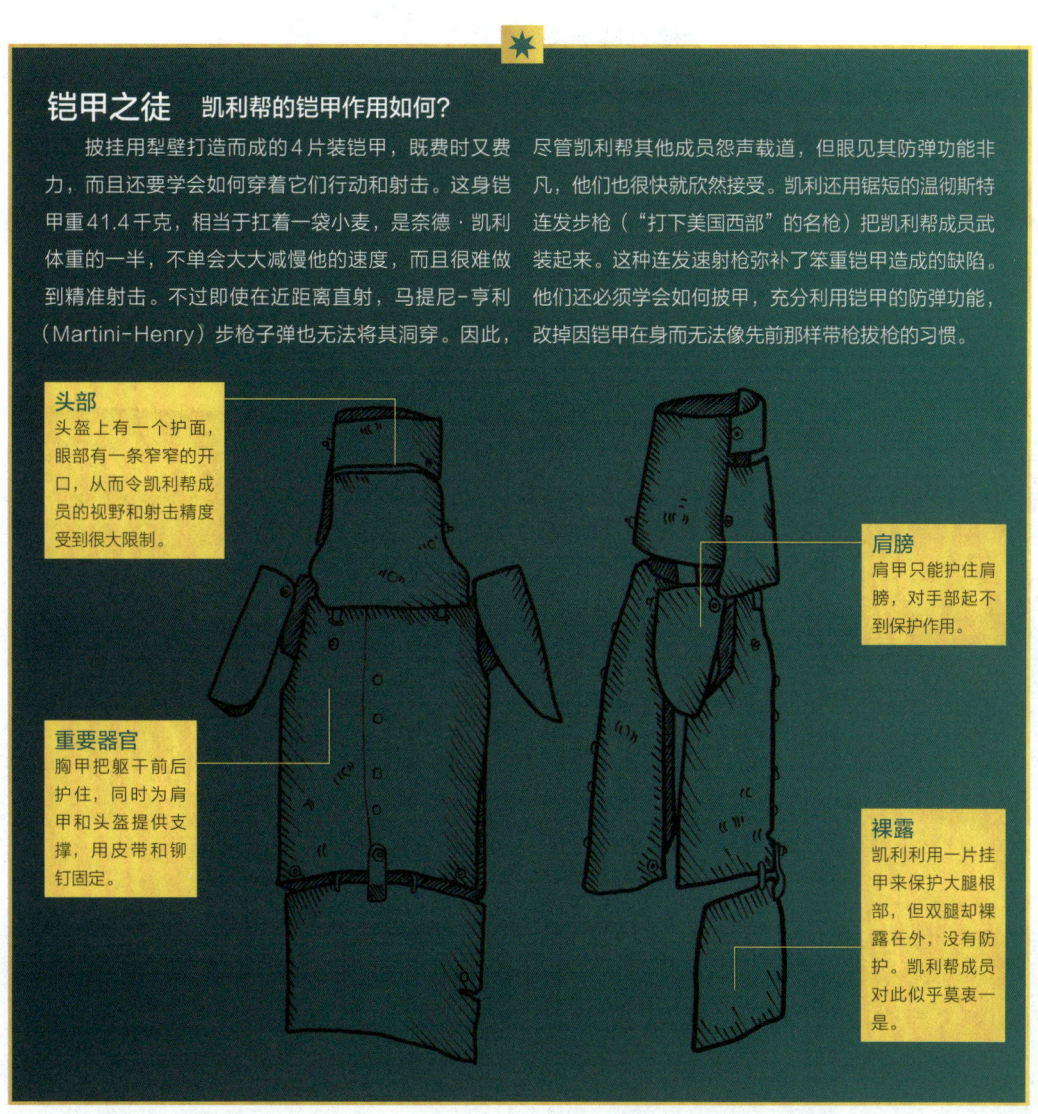

铠甲之徒　凯利帮的铠甲作用如何？

披挂用犁壁打造而成的4片装铠甲，既费时又费力，而且还要学会如何穿着它们行动和射击。这身铠甲重41.4千克，相当于扛着一袋小麦，是奈德·凯利体重的一半，不单会大大减慢他的速度，而且很难做到精准射击。不过即使在近距离直射，马提尼-亨利（Martini-Henry）步枪子弹也无法将其洞穿。因此，尽管凯利帮其他成员怨声载道，但眼见其防弹功能非凡，他们也很快就欣然接受。凯利还用锯短的温彻斯特连发步枪（"打下美国西部"的名枪）把凯利帮成员武装起来。这种连发速射枪弥补了笨重铠甲造成的缺陷。他们还必须学会如何披甲，充分利用铠甲的防弹功能，改掉因铠甲在身而无法像先前那样带枪拔枪的习惯。

头部
头盔上有一个护面，眼部有一条窄窄的开口，从而令凯利帮成员的视野和射击精度受到很大限制。

肩膀
肩甲只能护住肩膀，对手部起不到保护作用。

重要器官
胸甲把躯干前后护住，同时为肩甲和头盔提供支撑，用皮带和铆钉固定。

裸露
凯利利用一片挂甲来保护大腿根部，但双腿却裸露在外，没有防护。凯利帮成员对此似乎莫衷一是。

"前进,澳大利亚!"
英伦雄师:"太棒了,小伙子们!一起划吧!!"

澳大利亚联邦

**直面自身安全和繁荣遭到的威胁,
6个独立殖民地走到一起,创建了统一的澳大利亚**

阿普里尔·马登

19世纪末,澳大利亚一片动荡混乱。表面上是在英国政府的统治之下,但实际上这块大陆分成了6个不同的殖民地。每个殖民地都听命于英国王室,但也有各自的法律、议会和治理体系,各自收税,通常税率不同。

对于贸易商来说,在穿越澳大利亚广袤而又充满挑战的地域的同时,又要应付地方政府对商品征收的苛捐杂税,实感力不从心,进而导致普通澳大利亚人很难轻易买到非本土产品。对富有的澳大利亚人来说,这充其量给购置奢侈品造成了不便,但对自给自足的农民而言,这却有可能让他们深陷饥荒,导致畜群死于原本容易治愈的疾病,在主要城镇和偏远地区之间造成令人愤慨的贫富鸿沟。贸易商们经常抱怨,当他们同与世隔绝且通常免税的当地市场竞争时,不消说盈利,就连差旅费都挣不出来。

另一个问题是,每个殖民地都有自己的自卫民兵。在黄金和澳宝几乎可以让浑身脏兮兮的采矿者一夜之间变成百万富翁、土地掠夺者无所不用其极地四处搜刮的时代,这两种人都很容易成为罪犯的猎物,得手后罪犯便轻而易举地消失在丛林之中,进而引发问题无数。蕴藏金属、宝石等矿产资源的土地或优良牧场上时常会爆发冲突。跨越政治分歧去争夺水源是殖民地之间冲突的根源。不法之徒往往从一个地区流窜到另外一个地区,以逃避当地法律,而不用担心受到惩罚或遭致引渡。

急于拒罪犯和不受欢迎的人于殖民地之外的边防部队对旅行者、尤其是墨尔本-悉尼段铁路乘客进行搜身,从而造成这段连接澳大利亚两座最具发展潜力城市的铁路线严重拥堵,根本无法坐享现代铁路所带来的交通便捷。这种无能治理不营一场风暴,席卷了从繁华都市到偏远牧场的每个角落,让不必要的匮乏、拖延、挫败感和官僚主义成为到处肆虐的无妄之灾。

随着局势日益紧张,社会凝聚力逐渐走低,人们已经濒临忍无可忍的境地。共同语言和共享历史意味着他们已经将彼此视为澳大利亚同胞,而不是苟活在殖民地里的英国臣民。经过布尔(Boer)战争的洗礼,澳大利亚军人在很大程度上养成了国家集体认同感,并自豪地把这种认同感带回家与妻儿分享。

更为糟糕的是,许多出生在澳大利亚的人担心廉价非白人劳动力的涌入,会夺走第二代、第三代殖民者中工薪阶层赖以养家糊口的工作。律师罗伯特·加兰(Robert Garran)爵士后来成为统一的澳大利亚的第一位联邦工作者。他认为"恐惧、民族情绪和利己主义"把自己的同胞们团结在一起。虽说这种缔造国家的方式谈不上

▲ 亨利·帕克斯爵士是联邦的主要支持者之一,也是倡导联邦的最具说服力的演说家之一。他在墨尔本联邦大会上提出了第一项决议。遗憾的是,澳大利亚统一之时他已经不在人世

殖民地人民早就开始认为自己是澳大利亚人。

高尚,但却是一种强大的动力。当教育和经济状况都意味着人们实际上已经与澳大利亚筋骨相连时,像19世纪世界其他地区贫困人口那样最后绝望一搏、廉价移民美国已不可能。澳大利亚人认为,为迎接挑战,保全自己,他们必须团结一致。

新南威尔士州州长亨利·帕克斯(Henry Parkes)爵士是联邦代表人物之一。1889年10月24日,他在悉尼和布里斯班之间的要地坦特菲尔德(Tenterfield)镇发表了一场鼓舞人心的演讲,支持建立统一的澳大利亚。这是政治家第一次就联邦问题直接向澳大利亚公众发出呼吁,结果引起了轩然大波。

帕克斯将澳大利亚联邦之说与美国的统一和独立主张相提并论。凭借澳大利亚民族精神的假定优越性,他断言自己的同胞可以比美国人做得更好。他反问道:"美国人通过战争所赢得的,难道澳大利亚人就注定不能通过和平手段来争取吗?"

他甚至用带着沙文主义的口吻告诉听众,他们已经亲如一家,称"我们所有人都血脉相连"(而在一个完全由白人殖民者及其后代打造并为他们服务的社会中,澳大利亚土著人连发言权都妄谈)。在演讲最后,他发出了严厉的警告:"毫无疑问,我们必须完成这项伟大的事业,任何拖延只会使迈向联邦道路上的障碍愈加难以逾越。"

在贫穷潦倒的普通澳大利亚人中传递生活希望,弘扬爱国精神,帕克斯是不二人选,因为他本人就出身贫穷。1839年,身为贫穷英国移民的他和家人来到澳大利亚。没过20年,他便在新南威尔士立法会中谋得了一个席位,并曾5次出任州长。

从某种意义上说,澳大利亚梦和美国梦一样诱人,亨利·帕克斯爵士就是一个闪闪发光的例子。当他讲话时,澳大利亚人都在听,这就是为什么新南威尔士州州长卡灵顿(Carrington)勋爵催促他尽快赶往悉尼,发表同样振奋人心的演讲。帕克斯曾向卡灵顿夸口,他可以说服人们在一年内成立澳大利亚联邦,而卡灵顿也乐于迎合这位同事的虚荣,欣然接受了他的说法。帕克斯兴致勃勃地投入到自己的游说中。在接下来

▲ 1901年1月1日,澳大利亚联邦成立之夜,悉尼市政厅举行庆祝活动。塔楼上的彩灯组成了一句话:"同呼吸,共命运。"

▲ 1899年公投日昆士兰布里斯班的一个投票站。澳大利亚男人成群结队地出来投票。当时,除男性外,只有南澳大利亚的女性有投票权。1902年,澳大利亚联邦赋予所有澳大利亚女性选举权

在贫穷潦倒的普通澳大利亚人中传递生活希望,弘扬爱国精神,帕克斯是不二人选,因为他本人就出身贫穷。

的9个月里,他在不同地方把同一篇演讲重复了15遍。

在帕克斯的努力下,联邦不仅成为政治阶层的话题,也成为人们街谈巷议的谈资。城市里、集镇中、殖民地集会和大会上,一时间炒得沸沸扬扬。1891年4月,澳大拉西亚人全国大会在悉尼举行,来自所有6个殖民地以及新西兰(最终决定不加入澳大利亚联邦,成立自己的国家)的代表与会。用帕克斯精神追随者埃德蒙·巴顿(Edmund Barton)的话说,他们用5个星期的时间制定出了"大陆即为国家,国家即为大陆"的条款。

尽管他们提出了许多后来写入我们今天所熟知的《澳大利亚宪法》的观点，但由于澳大利亚历史上最严重的经济大萧条不期而至，人们对联邦的政治热情被冰封雪藏，束之高阁。大港工人和畜牧工人（19世纪澳大利亚的两大金融引擎）的罢工，加之伦敦金融危机，导致国内生产总值下降17%，房价接连暴跌，澳大利亚银行和建筑协会纷纷倒闭。面对黑云压城一般的严峻现实，殖民地政府基本上放弃了乌托邦梦想般的联邦制。

然而，人民心中的梦想犹存。尽管经济上捉襟见肘，但普通澳大利亚人继续召集各种会议，探讨联邦架构及其所能创造的福祉，敦促地方政府重启联邦进程。1893年在新南威尔士科罗瓦（Corowa）举行的一次人民大会强烈呼吁各殖民地就联邦问题举行全民公决。次年，巴瑟斯特联邦联盟（Bathurst Federation League）继续敦促殖民地政府采取行动。

不断的游说最终让大多数殖民地都重新坐回了谈判桌，尽管此时新西兰已经分道扬镳，昆士兰也不愿加入，因为害怕支持白人移民法案和劳工法会影响到他们对太平洋岛民低薪劳工的剥削。西澳大利亚也是一拖再拖，担心人口众多、实力强大的新南威尔士和维多利亚会在联邦中比人口稀少的殖民地占得先机。

1898年和1899年，6个殖民地中的5个举行了全民公决。1900年3月，5个澳大利亚殖民地组成的代表团和一名来自西澳大利亚的观察员抵达伦敦，向英国议会提交未来的《澳大利亚宪法》。该宪法于1900年7月获得通过，7月9日由维多利亚女王签署成为法律。在西部淘金热中赚得盆满钵满的西澳大利亚见风使舵，终于加入了联邦。1901年1月1日，澳大利亚联邦宣布成立，举国上下欢欣鼓舞。

霍普顿之误

1900年12月，新上任的英国总督约翰·霍普（John Hope）将提名一位看守总理（看守内阁的临时领导人），从澳大利亚联邦正式成立之日起执政，直至1901年3月大选结果出笼。苏格兰贵族霍普是霍普顿（Hopetoun）伯爵七世，曾任维多利亚州长。虽然英国当局认为他十分可靠，但在推动联邦的过程中他大部分时间都不在澳大利亚，对许多相关问题也都不甚了解。

殖民地办公室没有向霍普提出任何倾向性意见，因此他遵循1867年加拿大联邦建立的先例，提名人口最多的殖民地负责人组成临时政府。这是一个重大失误。当时的新南威尔士州长是威廉·林恩（William Lyne）爵士。他是联邦政府的极端反对者。正如《公报》（The Bulletin）所指出的那样："在那些可以凭借丰功伟绩或出于偶然性成为澳大利亚一流政治家的人当中，林恩却因平凡冷漠脱颖而出。"圣诞节前夕，不受欢迎的林恩向霍普提出了辞呈。在众人说服下，霍普很快便提名埃德蒙·巴顿为看守总理。

▲ 正如1901年《公报》上的这幅漫画描绘的那样，澳大利亚人对莽撞的英国总督不以为然，认为他冷漠疏远、高高在上、傲慢自大

白澳政策的
五大
惊人真相

澳大利亚，1901—1973 年

概览

"白澳政策"是澳大利亚政府制定的各种有利于欧洲移民政策的总称。由于种族主义思想作祟，这些政策处心积虑地排斥非白人申请者，尤其是拒亚洲人于国门之外，因为他们担心非熟练白人劳工的饭碗会因此被抢走。

1. 始于淘金热

19世纪末的淘金热吸引了许多非白人移民来到澳大利亚，他们哪怕薪酬再低也愿意一试，于是很快与白人工人形成竞争，促使紧张局势不断升级，导致每个殖民地都制定了自己的移民政策，间或将非英国血统的人排除在外。

2. 移民考试难于上青天

1901年出台的《移民限制法案》授权移民官员让非白人移民完成50个欧洲语言单词的听写测试。万一有人通过考试，他们便继续用多种不同的欧洲语言依次进行测试，直到考不过去为止。

3. 任何"不受欢迎的人"都遭驱逐

除移民门槛奇高之外，《移民限制法案》还意味着，在该法案出台之前来到澳大利亚的任何非白人也必须参加听写测试。一旦没有通过测试，便会成为"不受欢迎的人"，继而被驱逐出境。

4. 棒打鸳鸯

"二战"期间，许多非白人难民涌入澳大利亚。战争结束后，大多数人自愿离开，但也有一些与澳大利亚人结婚的日本人想留下来，而澳大利亚的移民政策规定这些日本战争新娘要被驱逐出境，直到1949年才做出允许她们返澳的决定。

5. 英国移民大受欢迎

"二战"结束之际，澳大利亚门可罗雀，经济凋敝。因此，政府制定了一项"移民救国"的新政，其中就包括"十英镑移民"（Ten Pound Pom）计划。该计划鼓励英国人和北欧人移民澳大利亚，每人只收取10英镑的旅费。

定居
澳大利亚

从大英帝国阴影中走出来的澳大利亚，
已经准备好"兴风作浪"

凯瑟琳·马什

对于澳大利亚来说，20世纪初不仅是新十年和新世纪的滥觞，也是国家独立的开端。1901年1月1日，经过10年的政治动荡，澳大利亚脱离英国独立。最后，殖民地组成的联邦作为不列颠的一个自治领实现了自治，但是，走上世界舞台的进程才刚刚起步。

澳大利亚几乎是白手起家。修建了连接定居点和殖民地之间的公路、铁路和港口；每个殖民地首府都建造了繁复华美、典雅古朴的议会大厦，其造价之高令人咋舌。小麦、水果、肉类和食糖的出口量骤增，民族自豪感激昂，民族主义情绪高涨。

这种民族主义渗透到政治中，催生出了1901年的《移民限制法案》。人们通常把这一国策称为"白澳政策"。它阻断了所有非欧洲人的澳大利亚移民之路，产下了一个与世隔绝的白人社会。实行的欧洲语言入国考试，旨在了断亚洲人申请移民的念头。半个多世纪后，该法案才得以废除，被较为宽松的《移民法案》所取代。

20世纪初，澳大利亚人的爱国主义空前高涨。把金合欢定为国花，帝国日（后来改为联邦日）和金合欢日赫然出现在日历上。在澳大利亚镑脱离英镑成为独立国家货币一年后的1910年，《澳大利亚货币法案》出台，最终允许该国首次发行国家货币。直到1966年，澳元才应运而生。

组建军队并没花多长时间。其时澳大利亚已经处于战争状态，因此那些在前线服役的人直接转编到新组建的澳大利亚国防军。数个月后，海军也组建完成。为确保兵源，每个12—25岁的男性都需接受军事训练。然而，这不包括澳大利亚土著人，因为他们不是欧洲人后裔，所以得到豁免。

每个国家都需要一个首都，但在独立之后，澳大利亚在首都选址问题上举棋不定。究竟应该选择墨尔本还是悉尼？1908年终于达成妥协：在这两座城市之间新建一座城市。于是，1913年首都领地堪培拉建立并命名。由于第一次世界大战爆发，直到1927年议会才迁移至此。

▲ 维多利亚女王设立澳大利亚总督的《英王制诰》

布尔战争

当英国在南非开战时,
澳大利亚也摩拳擦掌

凯瑟琳·马什

1899年英国同荷兰移民后代在南非建立的德兰士瓦(Transvaal)共和国和奥兰治(Orange)自由邦之间爆发战争时,英联邦成员国纷纷提供军援,澳大利亚也没有坐视,共派出约1.6万名士兵(确切人数说法不一)。6名澳大利亚人被授予维多利亚十字勋章。

通过从各地招募民兵,澳大利亚第一支部队于1899年组建完毕。很快,丛林人组建了特遣队。澳大利亚独立后,联邦政府组建了澳大利亚联邦骑兵特遣队。

在整个战争期间,这支殖民地军队成为英国人的利器。善于射击、骑术非凡的他们备受赞誉,把开阔平原变成了大有用武之地的血腥战场。

英国最高司令部和媒体对澳大利亚士兵大加褒扬。因创作《福尔摩斯探案集》而闻名遐迩的亚瑟·柯南·道尔(Arthur Conan Doyle)在其《伟大的布尔战争》(*The Great Boer*

▲ 南澳骑兵在阿德莱德接受部署前的射击训练。以往士兵在参战前鲜有军训

War）一书中，赞扬了澳大利亚军队在埃兰兹（Elands）河围攻之战时的表现："澳大利亚民谣歌者要寻求创作主题，就想想埃兰兹河吧，因为布尔战争中再也没有比那场战斗更顽强的抵抗了。"

然而，这并不是说澳大利亚在这场战争中的表现无懈可击，事实上，军官们的军事素养极差。在被派遣海外与英国人并肩作战之前，很多士兵几乎没有接受过任何军训。

前线的情况十分糟糕。在干燥酷热的南非大地上跋涉数千英里，虱子一直是个恼人的问题。洗澡纯属奢望，每天要在马鞍上度过数个小时。282人因战斗阵亡，但有286名澳大利亚人病死。

战争伊始，澳大利亚的支持声音甚嚣尘上。然而，随着冲突的持续，人们的力挺日渐式微。当英国人虐待布尔平民的行径曝光之后，澳大利亚国内支持率一落千丈。

▲ 为保护南非约翰内斯堡而组建的澳大利亚特遣队

维多利亚十字勋章英雄：约翰·比斯迪

1900年9月1日，在南非德兰士瓦省罗伊科普的瓦姆巴德，塔斯马尼亚帝国丛林人第一特遣队与布尔人开战

默里·达姆

1899年10月11日，第二次布尔战争爆发。大英帝国各殖民地政府主动提出派遣军队支援英国，其中就包括澳大利亚6个殖民地政府（直至1901年1月1日澳大利亚才成立联邦）。塔斯马尼亚帝国丛林人第一特遣队便是派遣部队中的一支。该特遣队成员获得了两枚维多利亚十字勋章。澳大利亚殖民地派遣的大部分部队都是出发前才组建的骑兵，尽管有法令要求步兵特遣队要占大多数，骑兵占极少数。

澳大利亚人也加入英军或南非殖民地部队，英国苏格兰骑兵团的招募就是在澳大利亚完成的。澳大利亚对布尔战争的贡献经历了5次浪潮。第一波是在战争爆发后的1899年，来自殖民地的民兵参战。第二波是丛林人特遣队（1899年12月至1900年2月间抵达），队员招募范围很广，所需军费源于公开募捐或富人赞助。第三波是帝国丛林人特遣队，招募方式大同小异，但军费由大英帝国政府支付。第四波是联邦成立后，新联邦政府组建了预备役特遣队，随后新联邦政府便派遣了骑兵部队。第五波是1902年5月宣布停战时，其中一些部队仍在前往南非的途中。共约有1.6万名澳大利亚军人在南非服役。1900年5月，骑兵约翰·哈顿·比斯迪（John Hutton Bisdee）随塔斯马尼亚帝国丛林人第一特遣队抵达南非。

1869年，约翰·比斯迪出生在塔斯马尼

当他们穿过一条怪石嶙峋、树木茂密的狭窄山谷时，敌军突然从隐蔽处近距离开火，8人中有6人受伤。

▶ 第一次世界大战期间的约翰·比斯迪上校

▲ 1919年，比斯迪中校在埃及担任澳大利亚帝国军助理宪兵司令

▲ 1899—1901年，殖民军队在南非。图为澳大利亚丛林人军队在行军

的小社区梅尔顿·莫布雷（Melton Mowbray），距离殖民地首府霍巴特（Hobart）约50千米。他的祖父曾于1821年到访过范迪门斯地（1856年更名为塔斯马尼亚，以清除前流放殖民地的耻辱）。

约翰在霍巴特接受教育，1900年4月入伍前曾在梅尔顿·莫布雷的哈顿公园从事家族控股企业工作。

在南非，澳大利亚人因高超骑术和精准射术而受到器重。他们在澳大利亚司空见惯的地形与南非的大草原在许多方面非常相似。澳大利亚人随遇而安，习惯于忍受澳大利亚丛林严酷苛刻的环境。所有这些在南非都派上了用场。尽管许多澳大利亚人对布尔战争充满热情，但在到达南非之前并没有接受过多少军事训练。

殖民地民兵每月只接受几个小时的军训。他们的任务也不需要太多的训练。同样，他们的长官也军训不足，尽管他们在努力弥补这一点。1899年，查尔斯·考克斯（Charles Cox）上尉带领新南威尔士枪骑兵前往英格兰的奥尔德绍特（Aldershot）接受训练。澳大利亚的人生观与英国军事训练及领导能力不相匹配的状况在南非凸显出来，第一次世界大战时体现得尤为明显。第二次布尔战争期间，澳大利亚士兵"驯马人"莫兰特（Harry "The Breaker" Morant）和彼得·汉考克（Peter Handcock）于1902年2月因滥杀战俘而被军事法庭判处死刑，从而成为这一致命落差的可怕标志。

南非战事对英国来说并不意外。自拿破仑战争以来，布尔人和英国人之间的紧张关系一直在加剧。成立于19世纪50年代的两个布尔共和国，即南非共和国（或德兰士瓦共和国）和奥兰治自由邦，虽然得到英国的承认，但紧张局势持续加剧，进而导致1880—1881年的第一次布

▲ 骑兵比斯迪伤残返回塔斯马尼亚后与家人拍的全家福

尔战争。1886年在德兰士瓦发现黄金,许多外国人(尤其是英国人)蜂拥而至。英国想把德兰士瓦和奥兰治自由邦合并成一个由英国控制的联邦,竭力鼓动德兰士瓦境内的英国公民主张自己的权利以及对金矿的控制。1899年6月谈判破裂,一系列最后通牒导致德兰士瓦共和国和奥兰治自由邦向英国宣战。

早在1899年7月,澳大利亚殖民地昆士兰就表示愿意派遣部队,同月,新南威尔士和维多利亚也要求派遣部队。第一批特遣队于1899年11月抵达南非。因此,澳大利亚军队参与了3个阶段的战争。第一阶段是1899年10—12月,英国步兵被机动能力更强的布尔军队击败并包围。第二阶段,1899年12月至1900年9月,英军发起反攻,南非大多数城镇均被英军控制。第三阶段是1900年9月至1902年5月,布尔骑兵突击队和英国骑兵部队之间爆发大规模游击战。然而,第一批澳大利亚部队姗姗来迟,没有尝到"黑色星期"(1899年12月10—17日)的败绩。其间,布尔人在3场战斗中击伤击毙英军2000余人。1900年2月,澳大利亚军队与约翰·弗伦奇(John French)少将的骑兵部队一起参加了金伯利(Kimberley)救援行动和帕德伯格(Paardeberg)战役。

1900年4月26日,比斯迪随塔斯马尼亚帝国丛林人第一特遣队的121人和133匹马启航,5月28日乘船抵达南非。他们参与了英军反攻的后期阶段。帕德伯格战败后,布尔人越来越依赖快速移动的非正规骑兵部队的游击战术。为应对这种局面,英军也越来越仰仗自己的骑兵部队,尤其是那些来自澳大利亚的骑兵部队。现在看来,这场战争的非正规性质再适合他们不过。然而,士兵和马匹的生存条件都极其恶劣。澳大利亚人死于病患的人数超过了战争期间阵亡的人

▲ 1901年塔斯马尼亚帝国丛林人第二特遣队合影（臂上佩戴的黑纱是为纪念当年1月驾崩的维多利亚女王）。后排右一为比斯迪中尉

▲ 1900年1月，布尔人在斯皮恩山（Spion Kop）上合影。这张照片显示了约翰·比斯迪当时面对的敌人和地势

▲ 1900年1月斯皮恩山上军人阵亡惨状。改进的武器（其中许多一直沿用到第二次世界大战）意味着布尔战争中的伤亡人数迅速飙升

数。比斯迪的部队（南澳第四特遣队和西澳第四特遣队）组成了帝国丛林人第四特遣队，统一归罗威尔（Rowell）中校指挥。他们开赴伊丽莎白港，奉命包围据守维特伯根（Wittebergen）盆地的布尔人。这里是布尔人在奥兰治河殖民地东北部山上的据点。一个由塔斯马尼亚部队守卫、为林德利（Lindley）提供补给的殖民地遭到布尔将军皮特·德韦特（Piet De Wet）率部袭击，但最终将其击退。8月，塔斯马尼亚部队乘火车赶往比勒陀利亚（Praetoria），然后行军到林德利，与英国将军亚瑟·佩吉特（Arthur Paget）的部队会师。随后，爆发了激烈的战斗。据称每天战事不断。塔斯马尼亚军队加入了骑兵旅，通常担任先遣，尤其在可能会与敌人遭遇的时候。

1900年9月1日，20岁的盖伊·威利（Guy Wylly）中尉负责指挥20名士兵。他也因当天的作战行动而被授予维多利亚十字勋章。像往常一样，这支塔斯马尼亚特遣队为德兰士瓦罗伊科普（Rooikop）附近瓦姆巴德（Warmbad）的主力部队担任先遣，其中8人离开前去追赶大约350头布尔牛。

当他们穿过一条怪石嶙峋、树木茂密的狭窄山谷时，敌军突然从隐蔽处近距离开火，8人中有6人受伤，其中包括比斯迪、威利和另外一名军官。骑兵布朗负伤后死亡；布朗下士也身负重伤。

嘉奖令将骑兵比斯迪误称为列兵："当时，一支先遣侦察队正穿过一个狭窄的山谷，敌军突然近距离开火，致8人中6人负伤，其中包括两名军官。一名受伤军官的马受惊逃走，列兵比斯迪下马，将其搭救到自己的马背上，迅速脱离战场。"威利的嘉奖令则透露出交战中的更多细节："威利看到战友腿部受伤，坐骑中弹，立即返回施救，让他骑上自己的战马迅速撤离，自己则冒着被切断退路的危险，掩蔽在岩石后面还击，掩护其他人员撤退。"

共有14名塔斯马尼亚人获得过维多利亚十字勋章,他们是最先荣膺的两人,也是第二次布尔战争期间获此殊荣的6名澳大利亚人中的两人。随着他们顺利撤退,整个行动取得了成功,共俘虏7名布尔人,缴获100支步枪,4万发子弹,2辆补给车和350头牛。

1900年11月,比斯迪和威利获得维多利亚十字勋章的消息刊登在《伦敦公报》上。在行动中挂彩的比斯迪于1900年12月带伤回家。他荣归塔斯马尼亚成了当地的一件大事,在火车站受到热烈欢迎。威利在英国康复疗养后于1900年12月进入南兰开夏(Lancashire)兵团服役。1901年7月25日,威利获得了爱德华七世国王颁发的维多利亚十字勋章。比斯迪则于1902年8月在霍巴特拿到了勋章。身体康复后,比斯迪再次入伍,以塔斯马尼亚帝国丛林人第二特遣队第一连中尉的身份再次启航前往南非。

1901年4月24日,比斯迪和253名官兵及289匹战马抵达南非,参加了第三阶段的游击战。此后比斯迪一直在南非服役,直到战争结束。这支塔斯马尼亚军队在开普殖民地与约翰·弗伦奇将军会合,与各种敌军突击队发生冲突已成家常便饭。此后,他们编入"哈利"·斯科贝尔("Harry" Scobell)少将指挥的纵队,后来又编入戈林格(Gorringe)上校率领的挺进队。根据官方战争史料记载,他们"马不停蹄地连续作战"12个月。许多行动都从夜间长途奔袭开始,次日一早向敌军突击队发起攻击。

另一支澳大利亚骑兵部队的战场经历十分具有典型性。1901年8—12月,新南威尔士州马背步枪队骑行3000千米,参与了大大小小13场军事冲突,代价是5人死亡,19人受伤,而布尔人死亡27人,受伤15人,另有196人被俘。塔斯马尼亚帝国丛林人第二特遣队有6人死亡,16人受伤。该特遣队中的比斯迪受到通令嘉奖。1902年5月22日,特遣队从南非德班出发前往霍巴特,6月25日返回澳大利亚。

荣誉等身的比斯迪回到了哈顿公园。1902年8月11日,在为8月9日爱德华七世国王加冕而举行的纪念仪式上,他从塔斯马尼亚州州长手里接过了维多利亚十字勋章。

比斯迪1904年在霍巴特举行的婚礼成为塔斯马尼亚州的一桩盛事。随后,他加入了塔斯马尼亚骑兵团第12轻骑兵队,并于1913年成为该团的指挥官。1915年7月,他加入澳大利亚帝国军,担任第12轻骑兵队的队长,同年11月前往埃及。在1916年负伤之前,他一直在军中服役,后晋升中校,在埃及担任助理宪兵司令一职。

1919年6月,比斯迪荣获英帝国勋章(OBE),1930年在塔斯马尼亚州家中去世。

▲ 图中描绘了一支澳大利亚特遣队骑马离开悉尼前往南非参加布尔战争的场景

第一次世界大战中的澳大利亚

当世界陷入战争之时,澳大利亚人跃跃欲试

凯瑟琳·马什

虽然战事发生在世界的另一端,但这并没有妨碍澳大利亚人卷入第一次世界大战。近50万澳大利亚人应征加入协约国一方,阵亡6万余人,另有15.6万人受伤、成为毒气受害者或被俘。

在大约9.3万澳大利亚土著人中,约有1000人报名参军。除爱国热情和忠诚联邦外,他们参军的另外一个强烈动机就是金钱。土著士兵的军饷与白人士兵的相同,在军中通常也能享受到平等待遇。然而,值得注意的是,在战争接近尾声时,许多土著人还想入伍或接受军事训练,但均被拒之门外。

澳大利亚从一开始便鼎力支持英国。1914年8月4日宣战时,恰逢澳大利亚大选酣战之际,但无论是执政党还是反对党都宣布力挺英国。澳大利亚参战成为各方共识。

澳大利亚大规模动员国防力量,全面介入了这场战争。澳大利亚海军和军事远征部队在德属新几内亚作战;澳大利亚海军的"悉尼"号巡洋舰摧毁了德国的"埃姆登"(Emden)号巡洋舰;在加里波利、西线和中东战场都能看到澳大利亚帝国军的身影。

第一次世界大战是军用飞机首次投入实战的全球冲突。在中东和法国上空,活跃着3000名澳大利亚飞行员。无法入伍的澳大利亚妇女纷纷干起护士、厨师、司机、翻译、军火生产工人和农场工人的工作,为打赢战争出力。

虽然远离前线,但在家的生活也并不轻松。在承受丧失父子、兄弟之痛的同时,妇女们必须承担起抚养家庭的重任。生活在澳大利亚的德国人也度日如年。人们把他们视为敌人,动辄送往拘留营关押起来。

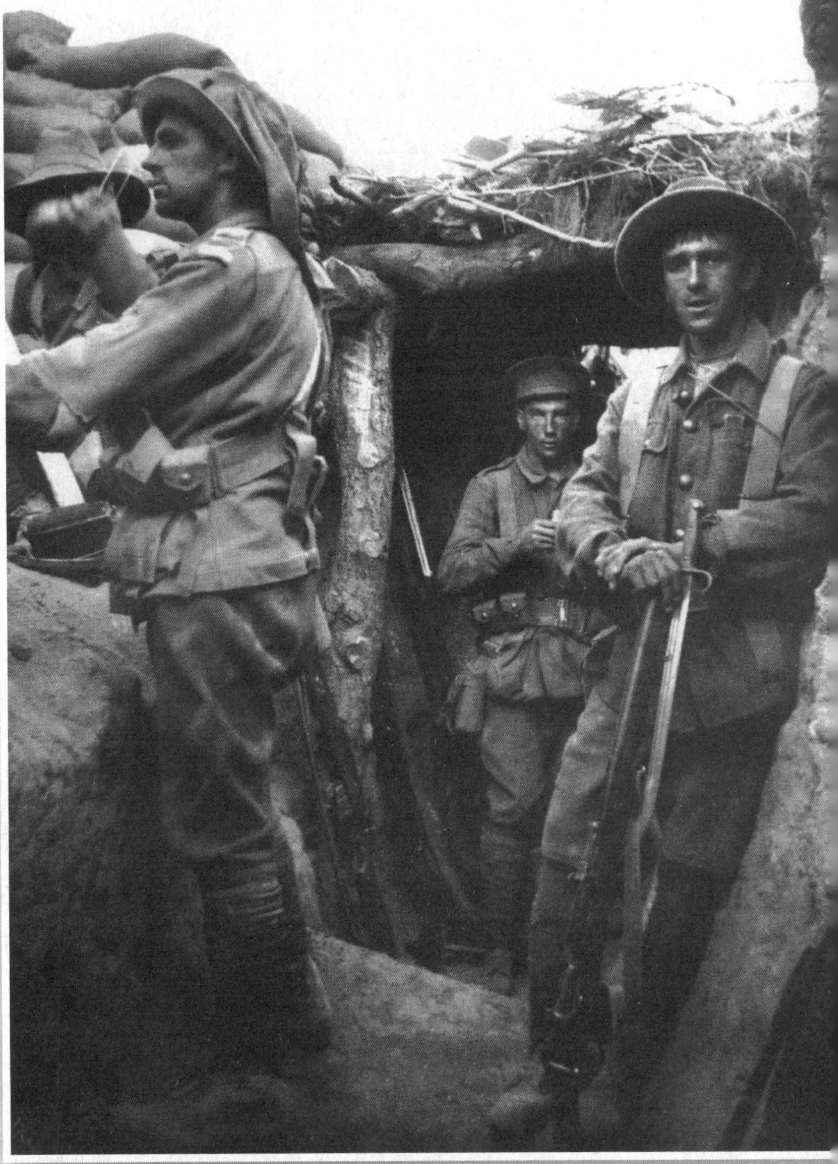

▶ 加里波利战役中，澳大利亚步兵在攻克的奥斯曼帝国战壕中留影

▼ 澳大利亚第1师战士走过比利时伊普尔（Ypres）地区胡奇（Hooge）附近的垫路木板，前去救援战友

维多利亚十字勋章英雄：亨利·达尔齐尔

第一次世界大战：哈默尔战役，1918年7月4日

史蒂夫·莱特

当人们谈起第一次世界大战时，焦点似乎主要集中在英军和德军之间的消耗战上。人们的耳朵里塞满了太多这样的故事，以至于很容易忘记其他国家的军队在战斗中扮演的角色。

澳大利亚人亨利·达尔齐尔（Henry Dalziel）的故事同样令人难以忘怀。1893年2月18日，达尔齐尔出生于昆士兰州欧文班克（Irvinebank）的一个小型采矿社区。从孩提时候起他就过着矿工的生活。当达尔齐尔和维克托（Victor）两兄弟发现大量极具商业价值的锡石时，他们还只是孩子。由此开发的锡矿一直开采到20世纪60年代。在完成学业之前，他曾做过学徒消防员，后来遇到的一件事改变了他的一生。

1914年8月，英国参战。这意味着包括澳大利亚在内的整个大英帝国自动卷入了战争。"一战"期间，超过41.6万澳大利亚人自愿参战，而达尔齐尔是最早参战者之一。1915年1月16日，他作为列兵加入澳大利亚帝国军，被派往加里波利增援驻扎在那里的第15营。和其他许多人一样，正是在这里他亲身体验了战争的恐怖。

他英勇非凡的表现差点让他战死疆场。在第二次冒险进入交火战场时，他头部受了重伤，无法继续参战。

▲ 达达尼尔（Dardanelles）战役①期间，澳新军团向奥斯曼帝国军队战壕发起冲锋

① 即加里波利战役，土耳其称之为恰纳卡莱之战。

> 他的英勇顽强和忠于职守为战友树立了榜样。他的无私与无畏拯救了许多生命。

英勇作战

维多利亚十字勋章是授予英联邦军人的最高军事荣誉。任何面对敌军英勇作战的军人都有机会获此殊荣。

达尔齐尔为什么赢得了勋章?
作为澳大利亚军人,他在第一次世界大战中表现出极大的勇气和献身精神。在确保自身任务完成的同时,还做了许多分外之事。

战斗发生在哪里?
法国索姆勒阿梅勒(Le Hamel)。

战斗什么时候爆发的?
1918年7月4日。

他什么时候被授予维多利亚十字勋章的?
1918年12月13日。

公众的反应是什么?
1918年8月17日出版的《伦敦公报》刊登了他获得维多利亚十字勋章的嘉奖令。据报道,回到澳大利亚后,在返回故里途中,他在每个火车站都受到英雄凯旋般的欢迎。

澳大利亚帝国军与新西兰远征军联合组建了澳新军团(ANZAC),与英国和法国军队在加里波利战役中并肩作战。尽管兵力雄厚,但这场战役从一开始便厄运缠身。面对训练有素的奥斯曼帝国军队,由于运气不佳和多次战术失误,盟军遭受了巨大损失,仅澳新军团就损兵折将3.6万人。

1915年7月,达尔齐尔作为第15营500名增援部队的一员,走进了这场乱局之中。该营原本有1000多人,但如今兵力已不足600人。经过换防和整编,该营战斗人员最终恢复到720人左右。

加里波利战役期间,达尔齐尔担任机枪手,始终为第15营作战,为此赢得了"双枪哈里"的绰号。他参与的最著名战斗是1915年8月的萨里拜尔(Sari Bair)战役。它代表着英军为攻占加里波利半岛的最后一搏。与之前的其他战斗一样,此役也造成大量人员伤亡,因此这次代价高昂的行动受到了掣肘并不令人感到意外。

然而,在此之前,达尔齐尔的加里波利战役之行却提前画上了句号。他患了风湿病,被一家埃及医院收治,然后又送往英国伦敦总医院进行康复治疗。事实证明,他没有错过太多的战斗。随着军事行动很快停止,澳新军团开赴埃及休整。不过,这也只能说是"才出狼窝又入虎穴",因为他们随即被部署到令人望而生畏的西线。

8月14日,达尔齐尔重返法国战场,正巧赶上了西线最血腥的交锋之一索姆(Somme)

维多利亚十字勋章嘉奖令

刘易斯机枪班英勇作战,恪尽职守。没被我军炮火摧毁的敌军凭借机枪和外围铁丝网负隅顽抗,密集的机枪火力给我军造成重大伤亡,冲锋受阻。列兵达尔齐尔使用刘易斯机枪压制住敌人一个方向的火力后,又向另一个方向的敌军开火。他冲向敌军阵地,用左轮手枪击毙或俘虏了残敌,缴获了机枪,才使得我军能够继续前进。他的手部受了重伤,但他继续战斗,直至赢得最后胜利。

达尔齐尔两次冒着枪林弹雨穿越开阔地收集弹药,坚持射击,直到头部中弹,血流如注。他的英勇顽强和忠于职守为战友们树立了榜样。他在关键时刻表现出的无私与无畏拯救了许多生命,将本会是一场惨烈的挫败变成了辉煌的战果。

河战役。作为司机和枪手,他参加了在穆奎(Mouquet)农场、波济耶尔(Pozieres)、弗莱尔(Flers)和格德库尔(Gueudecourt)的战斗。盟军伤亡人数超过了62.3万人,而达尔齐尔死里逃生。

随着战争的深入,达尔齐尔参加了一系列西线著名的战斗:第一次是1917年6月的梅西纳(Messines)战役,随后是1918年的帕斯尚尔(Passchendaele)战役,正是在这场战斗中达尔齐尔第二次受伤住院。10月16日,他在波利贡森林(Polygon Wood)战斗中腿部中弹,再次被送往英国疗养。1918年6月回到法国后,他的生活很快又发生了变化。他经历了加里波利地狱之火般的洗礼和索姆河、帕斯尚尔战役的

战火淬炼,但他的高光时刻却凸显在战争的至暗时期。

1918年7月4日,澳美联军对法国勒阿梅勒镇附近的德军阵地发动了联合攻击。地面部队进攻前的"炮火延伸准备"战术十分奏效,但并非一切都按计划进行。在一些炮火没有覆盖到的地方,德军用马克沁重机枪疯狂地向联军扫射。

达尔齐尔所在的第15营遭受的就是这样的持续火力压制。不屈不挠的达尔齐尔投入战斗。他首先用刘易斯轻机枪打哑了德军一个方向的射击,然后又转向另一个方向,将敌方机枪连同两名射手一起端掉。清除敌军火力点后,部队迅速向前推进。

达尔齐尔和营里战友一起参加了主攻。他们

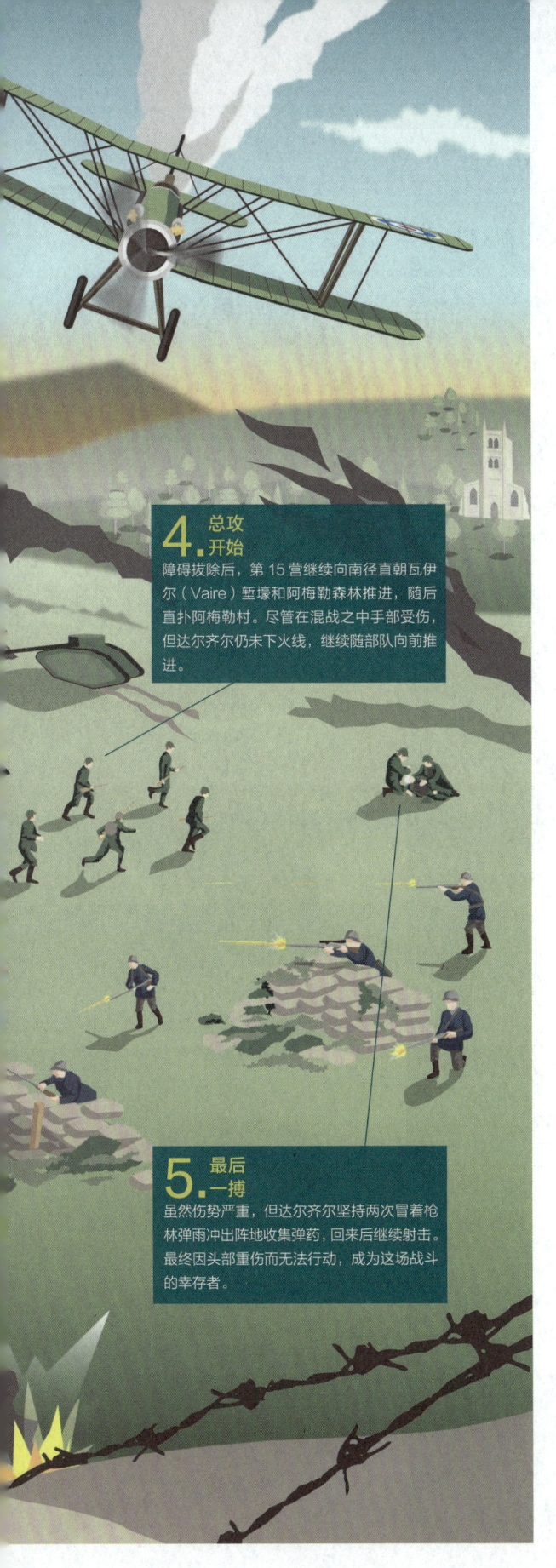

4. 总攻开始
障碍拔除后,第 15 营继续向南径直朝瓦伊尔(Vaire)堑壕和阿梅勒森林推进,随后直扑阿梅勒村。尽管在混战之中手部受伤,但达尔齐尔仍未下火线,继续随部队向前推进。

5. 最后一搏
虽然伤势严重,但达尔齐尔坚持两次冒着枪林弹雨冲出阵地收集弹药,回来后继续射击。最终因头部重伤而无法行动,成为这场战斗的幸存者。

穿过阿梅勒森林(Hamel Wood)向正南方向的阿梅勒村突进。尽管手部负伤,但达尔齐尔仍然不下火线,继续冒着枪林弹雨尽可能多地收集弹药。

他英勇非凡的表现差点让他战死疆场。在第二次冒险进入交火战场时,他头部受了重伤,无法继续参战。不管怎样,他帮助自己的部队实现了作战目标,最终赢得了胜利。

达尔齐尔头部负伤非常严重,连颅内容物都能看得一清二楚。在许多人看来,他命在旦夕。达尔齐尔所表现出来的坚韧不拔使他得以在世界上有史以来最血腥之一的冲突中幸存下来,尽管他的康复过程漫长而又艰难。在鲁昂(Rouen)接受紧急手术后,他被转移到英国医院。他在英国一直待到战争结束,直到1919年3月7日解职并最终返回澳大利亚。

作为第1000位维多利亚十字勋章获得者,战后的达尔齐尔生活阅历非常丰富。他有过两次婚姻(和第二任妻子育有3个孩子),做过果农,当过农民和工人,还干过金矿勘探。最终他重操旧业,自1933年起担任公民军事力量(CMF)中士,甚至还应召参加第二次世界大战,尽管没有赴国外服役,而只是协助征兵和筹集军费工作。1965年7月24日,亨利·达尔齐尔因中风在布里斯班格林斯洛普(Greenslope)遣返医院去世。作为荣获维多利亚十字勋章的英雄,他的故事永远不会被人遗忘。

轻骑兵突击

轻骑兵在澳大利亚历史上占有特殊地位，尤其是在别士巴战役中写下了荣耀的一笔

斯图尔特·哈达维

轻骑兵是澳大利亚帝国军的一部分，于第一次世界大战爆发时组建，被派遣到欧洲作战。大多数轻骑兵来自广袤、炎热、干旱的农村地区。对他们来讲，马术和枪法都是童子功，属于日常生活和劳动的基本技能。

查尔斯·比恩（Charles Bean）和亨利·古列特（Henry Gullett）这两位澳大利亚史官对轻骑兵非常感兴趣，其中一位称他们"兜旋在澳大利亚社会之上，浪漫有加，想入非非，冒险成性"。另一位则指出，几乎所有轻骑兵都是英国人后裔，是"最不安分、最敢冒险、最有活力的一批人"。即使考虑到各国都倾向于将自己的"一战"士兵浪漫化，精力充沛、果敢坚毅的年轻轻骑兵们仍然出类拔萃，享有盛名。在布尔战争老兵的加持下，他们成就了一支铁军。

1916年8月罗马尼之战期间,澳大利亚轻骑兵在一次战术撤退中营救战友

即使考虑到各国都倾向于将自己的"一战"士兵浪漫化,精力充沛、果敢坚毅的年轻轻骑兵们仍然出类拔萃,享有盛名。

▲ 在沙漠中小憩的澳大利亚轻骑兵。赫尔利（F. Hurley）上尉摄

轻骑兵们十分珍视他们的坐骑，许多人入伍时都带着自己的马匹。

轻骑兵在加里波利接受了战火的洗礼。在埃及受训后，1915年5月，他们为旨在打开通往君士坦丁堡的道路、将奥斯曼帝国赶出战争的登陆行动提供增援。这支轻骑兵在条件恶劣的肮脏战壕中服役了7个月，其间进行了几次代价高昂的战斗，最著名的是1915年8月7日对奥斯曼帝国阵地"尼克"（Nek）的攻击。

战役结束后，他们撤回埃及，与自己的战马团聚。轻骑兵们十分珍视他们的坐骑，许多人入伍时都带着自己的马匹，因此，他们的关系非常密切。在未来的日子里，他们不但分享快乐，也分担沮丧，因为骑手和坐骑在各种恶劣的环境中都饱受磨难。

加里波利战役之后，澳大利亚步兵部队被派往法国，3个轻骑兵旅加入了埃及远征军（EEF）。他们的任务是保卫苏伊士运河这个连接东部原始资源和英国工厂的重要战略水道。

这是一项重要任务，对战争胜负来讲至关重要。1915年2月，奥斯曼帝国曾试图切断运河，毫无疑问，他们还会再度出手。然而，士兵和马匹在单调乏味、令人疲惫的沙漠前哨度过几个月之后，慢慢地变得迟钝懈怠起来。一些轻骑兵想要去法国"真刀真枪地"干上一场，留下来的人很快就如愿以偿。

西奈沙漠

1916年4月，奥斯曼帝国再次进攻苏伊士运河未果，被澳大利亚轻骑兵、新西兰枪骑兵和埃及远征军赶入沙漠深处。英军在罗马尼（Romani）附近构筑工事，同时缓慢地向东修建了一条铁路和管道，以维持部队补给。两个澳大利亚轻骑兵旅和新西兰枪骑兵深入沙漠腹地巡逻，因为一支规模更大的奥斯曼帝国军队正在那里集结，准备对苏伊士运河发动第三次突袭。

澳大利亚轻骑兵已经在一定程度上适应了这里的环境，也证实自身擅长打这种以侦察、小规模冲突和伏击为特点的小型战役。他们坚持着一种自虐式安排，即每个旅都要轮流巡逻一天，然后在罗马尼南部沙丘担任一天警戒。值勤间隙休息时间很短，用水严格限制，加之西奈半岛的流

▲ 在巴勒斯坦的澳大利亚轻骑兵

▲ 澳大利亚轻骑兵穿越沙漠

▲ 达达尼尔基利巴尔（Kilid Bahr）要塞配备的16英寸克虏伯大炮

▲ 轻骑兵在约旦舒奈特尼姆林（Shunet Nimrin）山谷缴获的敌军大炮

▲ 澳大利亚轻骑兵在沙漠中饮马

▲ 在纳林（Nalin）清除高处的敌军狙击手

火夏季，因此轻骑兵们需要在极为艰苦的条件下尽职履责。

1916年8月3日，奥斯曼帝国军队对罗马尼的袭击直接落入了英军精心设下的陷阱。澳大利亚军布置了一条警戒线，没有严阵以待的阵地或铁丝网，只是警告敌人他们的存在。当奥斯曼军队逼近时，他们与人数众多的敌军展开了近战，并趁着夜色且战且退。澳大利亚军在埃及以狂野乱军出名，但那晚的表现却令人难以置信地展示出了纪律严明的战斗效率。虽然混乱不可避免，但完全是有控制撤退，成功实现了诱敌深入的作战意图。经过一整夜战斗，澳大利亚人和新西兰人在白天又构筑了一条新防线，等待英军和

值勤间隙休息时间很短，轻骑兵们需要在极为艰苦的条件下尽职履责。

▲ 澳大利亚轻骑兵第1旅途经伯利恒前往杰里科（Jericho）

新西兰枪骑兵对奥斯曼帝国军队暴露出来的侧翼发起突袭。

埃及远征军随着冲锋陷阵的轻骑兵在西奈半岛上横扫奥斯曼帝国军队。是年年底，澳大利亚轻骑兵、英国义勇骑兵队、新西兰枪骑兵和皇家骆驼队（ICC）对西奈半岛上驻守玛格达巴（Magdhaba）和马格伦坦（Magruntein）的最后两支奥斯曼大军发动了大规模突袭。

这两次行动显示了骑兵部队的优势和劣势。机动性使他们能在夜间出其不意地发起攻击，但由于数量不足，他们很难突破敌军防线。未经饮水的战马行动时长受到了极大限制，因此行动必须在规定的时间内一举成功。在这两次突袭中，实际上都是在取得最终胜利之前下达了停止攻击的命令。在玛格达巴，指挥第1轻骑兵旅的查尔斯·考克斯中校将命令塞到通讯员手里说："把这该死的东西拿开，半小时后再给我看。"几分钟后，他的轻骑兵旅便突破了奥斯曼军队的防线。在马格伦坦，撤退命令还没传达到前线，新西兰军队和皇家骆驼队便完成了最后的冲锋。

加沙

随着西奈半岛战事企稳，澳大利亚轻骑兵在与巴勒斯坦交界地区巡逻并建立后勤保障达数月之久。1917年3月，他们继续前进，目标直指加沙。

1917年3月26—27日对加沙的首次进攻遭到惨败。计划失误和通信不畅注定了这次袭击的失败，尽管当晚目标已经攻克，但疲惫之师奉命立即撤离。英国骑兵师一整天都在对加沙北部和东部进行监视，但在下午，澳大利亚和新西兰骑兵师却奉命从北部向加沙发起攻击。他们冲进市区，但随着夜幕降临和奥斯曼帝国增援部队赶到，他们又接到撤退的命令，以免被切断退路、分割围歼。

4月的第二次加沙之战也以失败告终。埃及

▲ 第6轻骑兵师第2旅骑兵芬尼奇（Finnichie）和他的战友们

远征军有备而来，但奥斯曼帝国军队更是严阵以待。他们构筑了大量固若金汤的防御工事，攻击部队难以穿插突破。骑兵部队负责牵制奥斯曼军队东翼，防止他们从别士巴（Beersheba）发起反击。

埃及远征军在加沙-别士巴战线度过了整个夏季。对于轻骑兵来说，这意味着要守住沙漠侧翼，重新回到去年夏天玩过的巡逻、突袭、伏击、小规模冲突的猫捉老鼠游戏之中。直到1917年10月，在埃德蒙·艾伦比（Edmund Allenby）将军指挥下，埃及远征军才向巴勒斯坦发起第三次攻击。

别士巴荣耀

最初目标不是攻击在加沙的敌军主力，而是战线东端的别士巴。在这里，可以从后方切断奥斯曼帝国军队防线，发起侧翼攻击。攻击首日至关重要。尽管人们竭尽全力在沙漠中开发水源，但由第20步兵团和沙漠骑兵团（DMC）骑兵组成的如此庞大部队的淡水只能维持一天。除非攻陷别士巴及其他的水井，否则整个攻势可能不得不取消。

1917年10月31日攻击开始。由于作战条件和作战距离所限，袭击进展缓慢。第20步兵团和沙漠骑兵团分别袭击了加沙西南部和东南部的奥斯曼帝国军队防御工事，轻骑兵则切断了通往北部希布伦（Hebron）的道路。下午4时，奥斯曼帝国军队开始撤退，留下殿军阻挡别士巴以南的追击。然而，在奥斯曼帝国军队摧毁水井之前，部队必须进城保护水井。兵贵神速，此时距离最近的是第4轻骑兵旅。

沙漠骑兵团指挥官哈里·夏沃尔（Harry Chauvel）将军集结起澳大利亚轻骑兵，命令他们向别士巴发起猛攻。下午4时40分，第4团在右、第12团在左、预备队第11团在后摆出冲锋阵形，轻骑兵拔出刺刀开始前进。在他们前面，

> 他们的速度成了救命神器。守军尚未来得及瞄准,飞奔的骑兵便逼近了阵地。

▼ 轻骑兵在观察以色列阿什杜德(Esdud)的1179高地

▲ 贝拉（Belah）沙丘中的澳大利亚轻骑兵营地

是装备有机枪和野战炮的200名奥斯曼帝国步兵，据守在没有铁蒺藜防护的新月形战壕网中。

轻骑兵缓慢起步，保持密集队形，以把冲击力发挥到极致，然后稳步加速，待离敌军只有几百米时开始疾驰。他们的速度成了救命神器。守军尚未来得及瞄准，飞奔的骑兵便逼近了阵地，许多子弹和炮弹打得过高，没有射中冲锋的骑兵和马匹。

澳大利亚轻骑兵第12团的查尔斯·多尔蒂（Charles Doherty）中士这样描述当时的情况："随着第12团长长的战斗队形就位，敌人的步枪噼噼啪啪地响了起来。在前进了大约1200米后，战马加快了脚步，朝着一个坚固的新月形阵地飞奔过去。冒着枪林弹雨，时不时还有大炮轰鸣，已经发疯的战马紧张得要命，一头钻进了幽黑的山谷，陡峭的地形阻碍了我们的前进。新月形的堑壕就像一条蜿蜒冒烟的长蛇，给骑兵和马匹造成可怕的伤亡，但冲锋队伍仍然义无反顾，一往无前。迫近堑壕时，战马和骑兵奋力跃过敌军挖好的陷坑，把敌人的阵地踩在脚下。"

在第4团打扫战场之际，第12团的大部成功冲进了别士巴。奥斯曼帝国军队猝不及防，夺取的大多数水井及配套设施都完好无损。在此次战斗中，其他轮次的冲锋同样具有戏剧性，同样战胜了艰难险阻，但没有一次冲锋能像这次命运攸关。一旦失败，就可能导致整个攻势被取消，在战争至暗时刻，这无疑将是一次灭顶之灾。

攻克别士巴后，埃及远征军开始挥师北上，

▲ 澳大利亚轻骑兵机枪手在犹太山中作战

计划年底前攻陷雅法（Jaffa）和耶路撒冷。澳大利亚轻骑兵在部队推进中发挥了不可或缺的作用。他们冲锋在前，压阵在后，还在巴林参与挫败了一次敌军反击。任重道远的他们承受了重大战员和马匹损失。

1918年

1918年，轻骑兵在约旦河谷炎热和压抑的气氛中服役，参加了对萨勒特（Es Salt）和安曼的两次大规模袭击。由于天气、地形和奥斯曼帝国军队出人意料的顽强抵抗，这两次袭击都铩羽而归。1918年9月，埃及远征军取得了另一项突破，在米吉多（Megiddo）战役中粉碎了驻扎巴勒斯坦的奥斯曼帝国军队。在随后进军叙利亚的过程中，冲锋陷阵的往往都是轻骑兵团。

行进的速度让步兵落在了后面，首当其冲的则是骑兵。每逢粉碎敌军的抵抗，轻骑兵都能俘获数以千计的战俘。1918年10月1日，他们率先进入大马士革，但几小时后便扬长而去，继续乘胜追击。到1918年10月30日奥斯曼帝国签署停战协议时，轻骑兵在短短6周内已经前进了500千米，从而也开创了澳大利亚军队的传奇。

骑兵还是步兵？

1917年，埃及远征军的骑兵部队包括16个英国义勇骑兵团、12个澳大利亚轻骑兵团、3个新西兰枪骑兵团和3个印度骑兵团。只有印度的算是真正的骑兵，其余的实际上是枪骑兵。

枪骑兵按骑兵整编，但作为步兵作战。每个团有3个中队，每个中队约150人，分成4个骑兵连，加上机枪班和信号班，共约500名官兵。然而，尽管他们骑马行军，但下马作战，每4人中就有1人负责牵马。这使得枪骑兵团的前锋相对薄弱，但他们用机动性和突然袭击弥补了这一不足。最初，只有英国义勇骑兵团配剑或接受过剑术训练，但在1918年8月，其他国家的部队也实行了配剑制。尽管骑兵在现代战场上显然已成明日黄花，但他们在巴勒斯坦战役中的快速机动却大有用武之地。在1917年战役中，他们曾数次冲锋得手。

皇家骆驼队也属于步骑兵。每营有4个连，约770人，下辖排的编制。皇家骆驼队的4个营由18个连组成，其中10个连来自澳大利亚轻骑兵。

▲ 枪骑兵、义勇骑兵和澳大利亚轻骑兵构成了英国埃及远征军的主力

▲ 1918年末，轻骑兵和印度骑兵在围捕奥斯曼帝国军队战俘，一些轻骑兵身上配剑

尽管他们骑马行军，但下马作战。

突袭尼克：
"血腥大屠杀"

造神传说和民族主义
如何掩盖了这场战斗的悲剧真相？

斯蒂芬·钱伯斯

在1917年10月31日别士巴之战中，澳大利亚两个轻骑兵团表现神勇。在该场战斗百年之后的今天，它已成为澳大利亚举国上下自我标榜和制造神话的工具。澳大利亚人为此感到自豪本无可厚非，但澳媒体称自己的同胞在别士巴扭转了巴勒斯坦战局，是历史上最后一次大规模骑兵冲锋，对此也应有清醒的认识。2015年澳大利亚加里波利战役百年纪念活动和2016年弗罗梅勒（Fromelles）之战周年纪念集会上就有类似的声音。

就历史学家而言，对任何战斗的如实解读都是理解它的关键。重要的是通过历史分析来进行教育，而不是借助大众媒体将事件永久神话化。

然而，有一个地方的神话比史实更为重要，那就是加里波利。此前，没有哪一个战场能像加里波利那样催熟绝望，心生挫败，进而唤起亡地后存的勇气，尤其是1915年8月7日澳大利亚轻骑兵向着尼克阵地的那场惨烈冲锋。今天面对坍塌的澳新军团战壕，很难想象出数以百计惊恐万状的年轻人一窝蜂地冲锋陷阵的样子。纵然明明知道自己踏上的是一条不归之路，但这些勇敢的士兵还是毫不犹豫地慷慨赴死。

尼克阵地是一条狭长的陆地桥，横跨"罗素高地"（Russell's Top）和"700宝贝高地"（Baby 700）。这处居高临下、易守难攻的"瓶颈"对澳新军团来讲十分重要。700宝贝高地斜坡上几挺精心部署的机枪和一排排奥斯曼帝国战壕使这个阵地几乎坚不可摧。

对尼克阵地的袭击只是8月系列攻势的一部分。自1915年4月登陆加里波利以来，澳大利亚、新西兰、英国和法国军队一直陷于战场僵局，这些攻势专为打破僵局而策动。尼克阵地袭击计划旨在吸引敌军注意力，策应新西兰对乔努克拜尔高地（Chunuk Bair）发起的夜间突袭。澳大利亚军队拟越过尼克阵地攻击700宝贝高地，新西兰军队则从700宝贝高地向下冲锋，对奥斯曼帝国军队形成钳形夹击。

由弗雷德里克·戈弗雷·休斯（Frederic Godfrey Hughes）准将指挥的澳大利亚第3轻骑兵旅奉命攻击尼克阵地。该旅由第8、第9和第10轻骑兵团组成，将马匹留在埃及，于1915年5月作为步兵在加里波利登陆。攻击计划在猛烈炮火攻击之后于1915年8月7日凌晨4时30分开始。进攻正面宽度为80米，分4波冲锋，每波限150人，间隔2分钟，向27米外的第一道奥斯曼帝国战壕发起攻击。

遗憾的是，那天早上，袭击的先决条件显然

▲ 据称，负责这场灾难性冲锋的弗雷德里克·戈弗雷·休斯将军推卸指挥责任

没有具备。新西兰军队的攻击推迟，因此乔鲁克拜尔高地没被攻克，在尼克阵地两翼名为"德国军官"战壕里的奥斯曼帝国军队的机枪也没有在当晚被缴获。尽管如此，澳新军团高级指挥官下令发起攻击，但按原定计划现在应当是轻骑兵支援新西兰军队进攻乔鲁克拜尔高地的时间。这种变化对澳大利亚军队来说不是什么好兆头。

雪上加霜的是，炮火准备于凌晨4点23分结束，提早了7分钟。事后发现原因是炮兵军官和第3轻骑兵旅军官之间没有对表。这一失误意味着奥斯曼帝国军队有足够的时间整修战

▼ 奥斯曼帝国士兵尸横遍野

壕，因为他们知道进攻即将到来。此外，凌晨4时30分，第1、第2轻骑兵旅对邻近的棋盘（Chessboard）和奎因（Quinn）哨所的攻击准时发起。当第3轻骑兵旅的军官意识到他们的错误时，袭击已遭败绩。当第一波150人冲上高地时，奥斯曼帝国军队正以逸待劳，严阵以待。

第8轻骑兵团指挥官亚历山大·亨利·怀特（Alexander Henry White）中校坚持亲自率领第一波150人发起冲锋。这些人全都来自维多利亚州。他们的行动立即招致步枪和机枪的射击。才不过30秒的时间，中校和他手下大部分士兵非死即伤。显而易见，在这种情况下任何继续攻击都是徒劳的。其他轻骑兵旅的策应攻击已经中止。第8皇家威尔士燧发枪团对怀特中校右翼的策应也被叫停。整个攻击明显已经失败。然而，没有人撤销第二波维多利亚州士兵的进攻命令。两分钟后，他们"跳出工事"，争先恐后踏着阵亡战友们的遗体向前冲去，等待着他们的是同样的噩运，但没有一个人退缩，全都一往无前。

第10轻骑兵团团长诺埃尔·布拉泽尔（Noel Brazier）中校试图阻止下一波的死亡冲锋。他说："这是不折不扣的'血腥大屠杀'。"不幸的是，眼见标志旗在奥斯曼帝国战壕上飘扬，布拉泽尔无法说服固执的副旅长、现已接管全旅指挥权的约翰·安蒂尔（John Antill）上校停止冲锋，因为安蒂尔认为，这些标志旗是第1轻骑兵旅的，这意味着他们曾迂回侧翼短暂占领过奥斯曼帝国军队战壕。

布拉泽尔命令来自西澳大利亚的第10轻骑兵团的士兵发起第三波冲锋，结果同样在劫难逃。由于知道难免一死，许多人一离开战壕便就地躺平，从而减少了这次冲锋造成的伤亡。布拉泽尔再次试图阻止向坡顶阵地发起冲锋。这次，旅指挥官休斯终于意识到继续进攻是徒劳的。不幸的是，停止攻击的命令还没有送达第四波攻击部队，部分战员已经冲了出去。

当指挥官们意识到冲锋徒劳无功时，第四波冲锋只用一刻钟多一点的时间就冲上了山顶。战壕前面的空地比3个网球场略大，上面横七竖八地躺着奄奄一息和已经阵亡的轻骑兵。

第8轻骑兵团伤亡人数最多，共有234人阵亡，154人重伤；第10骑兵团阵亡138人，重伤80人。

虽然这些实际伤亡数字与弗罗梅勒等西线重大战役的损失相形见绌，但对澳大利亚来说，尼克之战不啻一场重大灾难，尽管它只是加里波利战役中一系列恶仗中的一个。

在尼克阵地，一个上午减员372人。在历史上，人们把徒劳的尼克之战视为一场不折不扣的悲剧。然而，这场战斗却成为加里波利神话的同义词。如今，许多澳大利亚人认为这场战斗昭示着争取民族认同的关键时刻。

1981年，澳大利亚著名导演彼得·威尔（Peter Weir）在奥斯卡获奖影片《加里波利》

▲ 骑兵哈罗德·拉什（Harold Rush，23岁）的墓碑上刻着他的临终遗言："再见，兄弟。上帝保佑你。"

▲ 尼克阵地是伤亡惨重的加里波利战役中一个血腥插曲

中，塑造了在尼克之战中冲锋陷阵的澳大利亚轻骑兵的不朽形象。这部电影的摄影技术一流，音乐配乐令人痴迷，二者在轻骑兵冲锋场景中相得益彰，达到了高潮。影片通过这场战斗的叙事，揭露了指挥无能、报复心强的英军让澳大利亚殖民地英勇无畏的年轻战士无谓送死的真相。影片描述了澳大利亚士兵奉英军之命发起自杀式袭击，在佯攻中白白断送大批澳大利亚人的无辜生命，而英国士兵却在苏夫拉（Suvla）湾海滩上休闲品茗。影片高潮处，一名带有英国口音的军官命令发起第四波冲锋，致使热情似火但缺乏经验的澳大利亚士兵血洒疆场，从而证实指挥无方的英国人在草菅人命。

虽然英军中不称职的军官不在少数，但澳大利亚军队中也不乏其例。前两波冲锋铩羽而归后，一名指挥官要求停止攻击（影片中该角色由梅尔·吉布森扮演），却遭到拒绝。结果，第三波冲锋继续，队伍中有短跑运动员出身的威尔弗里德·哈珀（Wilfrid Harper），也就是影片中角色阿奇·汉密尔顿（Archie Hamilton）的原型。据澳大利亚史官查尔斯·比恩称，人们最后一次看到威尔弗里德时，他正"像个参加运动会的小学生飞一般地向前奔跑"。人们一直没能找到他的遗体，就像没有发现他兄弟格雷斯利（Gresley）的遗体一样。格雷斯利也在这场冲锋中殒命。

不过，电影《加里波利》并非神化尼克之战

▼ 尼克阵地前面的无人区，澳大利亚……
……在这……

的始作俑者。战役期间，英国和澳大利亚媒体都关注到了这个战场悲剧。《伦敦标准报》(London Standard) 以《向轻骑兵旅致敬》为题发表了专题报道，将轻骑兵的英勇与克里米亚战争巴拉克拉瓦（Balaklava）战役中英军的表现相提并论，称"在未来的岁月里，维多利亚州和西澳大利亚州战士在这个血迹斑斑的战场上的勇敢表现，将成为同仇敌忾、并肩作战的我们共同的光辉记忆"。这场血腥的军事灾难似乎唤起了英国和澳大利亚公众的无穷想象力。

那么，指挥无方的英国军官确有其人吗？事实上，两名负有不可推卸责任的军官正是澳大利亚的休斯准将和安蒂尔上校。正如卡莱恩（L.A.Carlyon）写到的那样："休斯是旅长，却不指挥。安蒂尔不是旅长，却瞎指挥。指挥权是

▲ 1915年临时停战期间，澳大利亚士兵收尸并埋葬交战双方的士兵遗体

休斯难以承受之重，他有意无意地在规避责任，而安蒂尔则我行我素，就像一头撞上铁丝网的公牛。"

尽管如此，重要的是要记住，第一次世界大战期间，各方指挥官都在这场现代工业化战争中苦苦挣扎，只是懵懂程度有所差异，各个层面都曾犯过错误。临阵换将的情况屡见不鲜。加里波利战役中有相当一部分将军遭到解职，其中就包括地中海远征军总司令伊恩·汉密尔顿（Ian Hamilton）爵士。战争临近结束之际，英国和澳大利亚的领导力可圈可点，军事历史学家认为这是盟国赢得战争的关键因素。

今天，如果去参观尼克公墓，一定会被这片狭小区域、零零星星的轻骑兵墓碑以及加里波利地区的宁静所震撼。在英国出生的哈罗德·拉什是为数不多的有墓碑的轻骑兵之一。他隶属于第10轻骑兵团，在第三波冲锋中阵亡。他的遗体被找到后葬在能俯瞰海滩和苏夫拉湾的沃克岭公墓。墓碑上刻着他的临终遗言："再见，兄弟。上帝保佑你。"

穆斯塔法·凯末尔·阿塔图尔克（Mustafa Kemal Atatürk）是第一次世界大战期间奥斯曼帝国驻加里波利部队指挥官，后来成为现代土耳其的缔造者。用他所说的令人心碎的话来结束本文再恰当不过："流血牺牲的英雄们，你们如今葬身在一个友好国家的土地上，因此，安息吧。盟军士兵和土耳其士兵并肩安卧在我们国家的大地上，我们对他们一视同仁，同施仁爱。把自己的爱子送到遥远国度的母亲们，请擦干你们的眼泪。你们的儿子已经安息在我们的怀抱之中。在这片热土上失去青春生命后，他们就成了我们的儿子。"

▲ 今天，在奥斯曼帝国军队战壕旧址建有一座白色大理石纪念碑

1901年澳大利亚议会成立，成为脱离英国走向独立的第一块踏脚石。

主权国家

由于对独立的需求和渴望,
澳大利亚自治领已然穷途末路

凯瑟琳·马什

▲ 1931年，澳大利亚时任总理约翰·柯廷（John Curtin）见证了《威斯敏斯特规约》在澳大利亚成为法律

从1901年起，澳大利亚就独立了……算是吧。它成为大英帝国的一个自治领，在一些方面享有独立，实行自治，但能称得上是完全独立的国家，还是大约40年以后的事情。

1931年，澳大利亚播下了第一颗真正独立的种子。在《威斯敏斯特规约》（Statute of Westminster）框架下，加拿大（尽管纽芬兰直到1949年才获准加入加拿大）、南非和爱尔兰自由邦（不久后成为爱尔兰共和国）实现了法律上的独立。尽管仍在英国君主制统治之下，但他们已经成为自己国家的主人。

起初，澳大利亚内部左右摇摆。主要反对者是1929—1931年担任反对党领袖的约翰·莱瑟姆（John Latham）。他所纠结的问题是《威斯敏斯特规约》本身。既然自治和联邦的关系已在妥善处理中，为什么还要将其写入法律？议会的其他资深议员也不急于看到该规约成为法律。

不过，这似乎是大势所趋。1930年，澳大利亚总理詹姆斯·斯卡林（James Scullin）采取大胆行动，推荐艾萨克·艾萨克斯（Isaac Isaacs）爵士担任总督。这与英国国王根据英国首相的建议推荐人选的古老传统大相径庭，但

▲ 1942年日本攻陷新加坡是澳大利亚真正独立的最后催化剂之一

并不违法。1926年的《巴尔福宣言》（Balfour Declaration）对此予以确认，即自治领可以处理自己的事务。乔治五世国王并不赞成这一抉择，但也无能为力。澳大利亚在独立之路上越走越远。

直到1942年10月9日，澳大利亚才通过《威斯敏斯特规约》，但效力可以追溯至1939年9月3日。如果这个日期看起来非常熟悉的话，那也绝非偶然，因为正是在这一天英国向德国宣战，第二次世界大战全面爆发。1942年对澳大利亚及其盟国来讲是非常关键的一年。日本人攻陷新加坡，美国也因日本偷袭珍珠港而卷入战争。长期以来，人们一直认为英国会保护澳大利亚，但新首相约翰·柯廷却不这样认为。他巴望着与美国结盟，而澳大利亚成为独立的主权国家是走向结盟的必由之路。于是，澳大利亚便朝着这条路走了下去。

《威斯敏斯特规约》还给澳大利亚带来了额外的收获：澳大利亚议会制定的任何与英国法律相抵触的法律都不再无效。澳大利亚终于有了立法自主权，自己水域内的商船归自己管控，只有在澳大利亚政府提出要求时英国方可参与。

飞行医生史

为您讲述皇家飞行医生不可思议的历史，
以及一位牧师的梦想如何挽救了那些生活在澳大利亚内陆
偏远地区的人

波比·杰伊·圣帕尔默

除了令人惊叹的国家公园、凶残致命的野生动物和轻舒漫卷的无羁海浪，澳大利亚还是2500多万人口的共同家园。其中，大多数人生活在悉尼、墨尔本、布里斯班等沿海发达城市，剩下的大约700万人分布在770万平方千米的农村或偏远地区，远离都市生活的配套服务和便利设施。

生活在炽热沙漠绵延、致命生物横行和不闻都市喧嚣的农村和偏远地区，人们的住院率、受伤率和死亡率普遍较高，这点并不令人感到惊讶。曾几何时，患有严重疾病或受伤的人不得不骑着马匹、骆驼或乘坐马车穿越数百千米的无人区去寻医问药，往往尚未到达目的地便一命归西。

然而，自1928年以来，重症急诊或惯常就医对澳大利亚农村人口和旅行者来说变得不再像想象的那么麻烦。为什么？答案就是飞行医生。

90多年来，皇家飞行医生服务（RFDS）机构一直在帮助那些需要帮助的人，为生活在澳大利亚偏远农村地区的人们提供紧急救护和医学救治。这项非营利服务也称皇家飞行医生服务（简称"飞行医生"），在全澳各地都有分站和诊所。他们的飞机可以在数小时内飞抵澳大利亚任何地方。2020年，飞行医生为32.01万名患者提供了帮助，飞行27250793千米，相当于往返月球34次。所有这一切，都要归功于一个人，那就是约翰·弗林（John Flynn）牧师。

弗林与澳大利亚内陆的不解之缘始于他家迁居墨尔本西郊的阳光城。他经常从父亲的商业伙伴那里听到遥远北领地的失败冒险经历和凄美浪漫故事。

在墨尔本大学就读期间，弗林对牧师产生了兴趣，进而学习了4年的神学课程。他于1910年毕业，一年后被任命为长老会牧师。此后的弗林对偏远内陆的热情始终不减。他经常帮助其他牧师在偏远的维多利亚州和南澳大利亚州农村地区传教。弗林甚至与安德鲁·巴伯（Andrew Barber）牧师合作出版了《从林人生存指南》。

梅拉·布兰奇修女

飞行医生能取得今天的成功，除了飞行医生本身，护士的作用也不可或缺。梅拉·布兰奇（Myra Blanch）修女是飞行医生的首批护士之一，她们被称为"飞姐"。20世纪40年代和50年代，她们在新南威尔士州分站发挥了重要作用。作为一名经验丰富的农村护士和澳大利亚皇家军团的前护理官，梅拉全情投入到这项事业之中，并因其9年的飞行医生职业奉献而广受媒体关注。

20世纪40年代，澳大利亚护士通常身着白色制服、红色披风和白色面纱，因此梅拉一身标志性的卡其色宽松裤和衬衫就格外与众不同，非常适合在内陆恶劣环境下穿着。在一张刊于飞行医生官方手册的照片中，她的裤腿高高卷起，正在趟过洪水前往患者的家。

除了一身行头标新立异，梅拉到达紧急救护现场的方式往往也别出心裁（至少对于飞行医生来说是这样），使得"飞姐"一词用来形容她并不恰当。人们经常看到的她，往往乘坐货车、骑马甚至搭便车前去救援。梅拉的军旅生涯以及对丛林和内陆的谙熟，使她对险情并不陌生，常能驾轻就熟，取得超出预期的效果。

▲ 1931年，一架空中救护车飞抵布里斯班

甜蜜鸟

就梅拉·布兰奇修女而言，"飞姐"属于用词不当，但对于飞行护士罗宾·米勒（Robin Miller）来说，这个用词却相当精准。作为飞行员霍瑞·米勒（Horrie Miller）的女儿，她从小就对飞行产生了浓厚的兴趣。她甚至在皇家珀斯医院接受护士培训时就考到了商业飞行驾照。然而，还没飞上蓝天，她的飞行梦想似乎就已经破灭。尽管进行过多次面试，但就是没人愿意雇用女飞行员。

不过，屡屡受挫的罗宾·米勒并没有气馁。不服输的她决心自寻出路。1967年，小儿麻痹症在西澳大利亚州再度流行，向农村人口分发疫苗困难重重。为此，米勒借钱采购了一架飞机，主动向政府提出独自飞赴丛林和内陆地区，发放3.7万份小儿麻痹糖丸口服疫苗，为此，人们亲切地把扶危救困的她称作一只"甜蜜鸟"。

飞行里程达到4.3万英里后，米勒获得了皇家飞行医生的一个职位，可以驾驶飞机救护患者，甚至有了自己的专属急救飞机。米勒的职业生涯虽然短暂但令人印象深刻。她曾在飞机自动驾驶模式下在后舱为一名孕妇助产。米勒死于癌症，时年35岁。她的丈夫、时任皇家飞行医生主管的哈罗德·迪克斯（Harold Dicks）成立了一个纪念基金会，帮助护士考取飞行驾照。

▲ 罗宾·米勒在悉尼

关键节点
前线飞鸿
1917年
弗林多年来一直在思考如何为偏远地区提供医疗服务的问题。最终，他在一名即将派往"一战"前线的澳大利亚士兵的来信中找到了答案。克利福德·皮尔中尉建议弗林借鉴军方做法，考虑用飞机来解决问题。服役期间，他曾见证医护人员乘飞机前去救护伤兵。

关键节点
脚踏式无线电
1928年
经过多年试验，工程师阿尔弗雷德·特莱格创造出通信联络的重要一环——脚踏式无线电，使得生活在偏远地区的人不需要使用昂贵的电池或发电机就能发送和接收信息。它由踏板发电，无线电安置在偏远的棚屋里，供人们在紧急情况下呼救。操作始于摩尔斯电码，后来演变成语音通信。最终，这些设备连接到晶体管收音机上，这样足不出户便能通过电话预约医生。

时间线

1910年
开端
长老会牧师约翰·弗林对澳大利亚丛林、内陆地区以及那里的居民非常感兴趣，甚至与安德鲁·巴伯合著了《丛林人生存指南》一书。

1912年
长老会大会
在饱尝澳大利亚偏远地区人们的艰辛之后，弗林提交了一份关于北领地生活的报告，其中包括成立内陆教会的详细计划。

1916年
弗林与特拉格
为实现创新突破，弗林与发明家兼工程师阿尔弗雷德·特莱格合作，看能否制造出某种设备，解决偏远地区人们与中心医疗基地的通信问题。

1928年
试验
弗林与澳航创始人哈德逊·费什合作，后者借给他一架飞机，在昆士兰州克伦卡里实现了空中救护车的首飞。这项为期一年的试验旨在验证这一构想的可行性。

这是一本综合性的、广受欢迎的信息类图书，为丛林探索者梳理出很多温馨提示和生存技巧。不过，这只是刚刚开始。

1911年，弗林派驻南澳大利亚州贝尔塔纳（Beltana）小史密斯的顿涅斯克（Dunesk）传教团。在那里，他饱尝了内陆生活的艰辛，意识到内陆人口或内陆旅行者根本没有医疗保障可言。次年，他向长老会提交了一份北领地生活报告，建议成立内陆教会并得到长老会的认同。很快，弗林就被任命为澳大利亚内陆教会（AIM）这一新组织的负责人。

在接下来的6年里，弗林致力于满足内陆人民的精神、社会和医疗需求。之后收到的一封信不仅改变了他的一切，也改变了数十万农村人口的生活。来信人是维多利亚医学院学生、飞行员、战争英雄克利福德·皮尔（Clifford Peel）中尉。他曾听过弗林的一些公开演讲。在第一次世界大战期间奔赴法国前线途中，他写信建议弗林考虑使用飞行手段来解决便捷医疗服务问题。可悲的是，24岁的皮尔在法国被击落身亡，至死也不知道这封信会促成什么样的转变。

此后10年，弗林一直孜孜以求，为实现这一梦想而不懈努力。他想让内陆人民穿上一套"救生衣"。1928年，他终于凤愿得偿，成立了澳大利亚内陆教会航空医疗服务机构，这最初是一项为期一年的实验，以确定这个梦想是否可行。弗林与昆士兰-北领地航空服务公司（如今澳大利亚人普遍称之为澳航）创始人哈德逊·费什（Hudson Fysh）合作，在昆士兰州克伦卡里（Cloncurry）实现了空中救护车的首飞。

今天的皇家飞行医生使用高科技皮拉图斯（Pilatus）喷气式飞机等施行紧急救护。亚瑟·阿弗莱克（Arthur Affleck）是飞行医生有史以来的首位飞行员。他驾驶用木材和布料等制作的单引擎"胜利"号飞机，搭载着第一位飞行医生肯尼恩·圣文森特·韦尔奇（Kenyon St Vincent

> **飞行员坐在开放的驾驶舱里，完全暴露在恶劣的环境中，飞机上没有无线电或导航设备。**

关键节点
广泛布点
1934年
随着需求与日俱增，澳大利亚航空医疗服务（当时的称谓）范围逐步扩展。克伦卡里试点取得巨大成功，新的服务站点在全国各地陆续建立。空军基地和医疗中心在温德姆（Wyndham）、黑德兰（Hedland）港、卡尔古利（Kalgoorlie）、布罗肯（Broken）山、爱丽丝泉和米卡塔拉（Meekatharra）等地设立了营地。随着新站点的出现，建立飞行医生全国网络已大势所趋。现在需要的只是政府站出来支持（最好是赞助），因为当时布点资金还主要依赖社区筹款和捐赠。

1932年
家喻户晓
运营第一年，这项新的医疗服务在50架次飞行中航程达到约2万英里。消息很快不胫而走。随着越来越多的澳大利亚农村和偏远地区的人知悉这个项目，家访急救数量也随之激增。

1937年
飞行女医生
自成立以来，飞行医生完全由男性组成。1937年，吉恩·怀特（Jean White）开始在诺曼顿（Normanton）基地工作，从而成为第一位飞行女医生。

1942年
更名
1942年，昔日澳大利亚内陆教会航空医疗服务机构更名为飞行医生服务。1955年，冠以"皇家"名头。

1951年
先驱之死
1951年5月5日，约翰·弗林牧师溘然谢世，享年70岁。骨灰被葬在北领地魔鬼巨石的一块圆石下面。这块盗来的圆石后来归还给了当地土著人，用另一块圆石取而代之。

1988年
永恒遗产
1988年，约翰·弗林的头像出现在聚酯材料制作的20澳元背面，成为澳大利亚历史的重要组成部分。头像旁边印有皇家飞行医生的第一架飞机、脚踏式无线电和飞姐设计的疼痛评估表图案等。

▲ 皇家飞行医生服务机构已成立90多年，仍生机勃勃

Welch）从澳大利亚内陆教会基地起飞。飞行员坐在开放的驾驶舱里，完全暴露在恶劣的环境中，飞机上没有无线电或导航设备，只能依靠指南针来导航，同时参照地面上的河流、土路和电报线。起飞和降落全都在飞行医生找到的临时跑道上完成。虽然飞行医生起点较低，但前景看好。

皇家飞行医生服务初期，患者必须依靠电报与医生沟通，尽管这种方式有时会很方便，但在紧急情况下，尤其是在偏远地区，就显得迟缓、复杂得派不上用场。为寻求更高效的联络方式，弗林与澳大利亚工程师阿尔弗雷德·特莱格（Alfred Traeger）取得了联系。1928年，特莱自成立以来,皇家飞行医生服务机构一直在不断壮大。尽管面临着战后运营和20世纪30年代大萧条等诸多挑战,但社区捐款、志愿者的奉献和社会各界的慷慨解囊帮助弗林给自己的梦想真正插上了翅膀。新技术使飞行医生服务更加高效,得到救治的农村人口也越来越多。晶体管收音机取代了特莱格的脚踏式无线电,使得医生开始在医疗站提供无线电咨询。弗林有句名言:"如果你做的事情有价值,就没有什么能阻止它。"就皇家飞行医生而言,他的话一语中的。这项救死扶伤事业的价值显然无可估量,他对这一机构的奉献矢志不渝。在接下来的几十年里,他不断拓展这项业务,创建了全澳飞行医生网络,甚至利用资助购置飞行医生自己的飞机,而以前使用的飞机都是从澳航租借而来。

克伦卡里初创试验基地取得成功后,1934年其他地方也涌现出一些新基地。由于无线电的助力和飞行医生逐渐在农村和偏远地区变得妇孺皆知,从中受益的患者名单越来越长。随着澳大利亚皇家飞行医生美名远扬,在这一机构的启发下,从非洲的摩洛哥、加拿大萨斯喀彻温(Saskatchewan)省到英国苏格兰高地,类似的服务机构在世界各地如雨后春笋般涌现。

自从弗林的梦想首次实现以来,发生了很多变化。皇家飞行医生如今得到联邦和州政府的财政支持以及社区的筹款和捐助。它拥有79架飞机、23个飞行基地和180辆医疗用车。除紧急救援外,它还为丛林和内陆地区的诊所和医疗中心提供预约服务,甚至还有牙科诊疗服务。为农村居民提供一流医疗服务的皇家飞行医生在澳大利亚历史上赢得了一席之地。20澳元的背面印有约翰·弗林牧师的头像,旁边还配有第一架"胜利"号飞机和第一台脚踏式无线电的图案等。

格的新发明脚踏式无线电问世,对皇家飞行医生的早期成功起到了重要作用。它通过脚踏发电机来为无线电接收器提供动力,使那些与世隔绝的人在紧急情况下能够和外界取得联系。来自全国各地的求助信息,首先通过莫尔斯电码,其后通过语音传递过来。

日本对澳大利亚达尔文发动第一次空袭，刚刚被击中的储油罐冒出滚滚浓烟

第二次世界大战中的澳大利亚

当英国对德国及其他轴心国宣战时,
澳大利亚坚定站在英国一边

凯瑟琳·马什

▲ 1942年澳大利亚空军妇女辅助勤务队招募女兵的海报

1939年9月1日，第二次世界大战爆发。9月3日，澳大利亚总理罗伯特·戈登·孟席斯（Robert Gordon Menzies）通过国家和商业电台宣布：澳大利亚将加入盟国。

共有约100万澳大利亚人在地中海、北非、日本和更广阔的太平洋地区参战。澳大利亚皇家海军参加了抗击法西斯意大利的行动；部分空军参加了不列颠之战。年满21岁以上的未婚男性必须作为民兵武装力量完成为期3个月的强制性军事训练。这支部队的任务是保卫澳大利亚及其领土，而由志愿军组成的澳大利亚第二帝国军则被派往海外战场。

然而，1941年12月日本挑起的太平洋战争对澳大利亚的影响最大。日本开始有组织南进，到1942年3月，已经占领了东南亚大片地区。是年2月新加坡沦陷时，澳大利亚一个步兵师被日军全歼。不久之后，达尔文市遭到日军轰炸，在地中海作战的澳大利亚舰船奉召回国。鉴于日本随时可能入侵，澳大利亚需要做好准备。

▲ 1942年，澳大利亚皇家炮兵第8野战团第2营在埃及阿拉曼（El Alamein）附近作战

日本的侵略威胁终未实现。事实上，随着澳大利亚及其盟国在珊瑚海（Coral Sea）、中途岛、艾米塔岭（Imita Ridge）等地对日作战中屡屡得手，日军入侵的可能性变得越来越小。1944年，澳大利亚军队开始消灭太平洋地区孤立无援的日本驻军，次年战争接近尾声时，他们在婆罗洲（Borneo）与日军拼死一搏。

整个战争期间，超过3万名澳大利亚士兵被俘，其中三分之二于1942年在东南亚被日军俘虏。36%被日军俘虏的澳大利亚士兵再也没能回到自己的祖国。

妇女在"二战"中也不甘落后。许多人加入了旨在鼓励妇女从事农业生产劳动的妇女土地服务队（WLA），一些人参与了军工生产，另一些人则应征入伍。1941年，澳大利亚空军和陆军成立了妇女辅助勤务队，海军开始雇用女性电报员。一年后，澳大利亚皇家海军妇女服务队成立。

命悬一线

1942年,日军兵临城下。科科达小道上的民兵构成了澳大利亚的最后一道防线。他们愿意在这个地狱般的战场上为国捐躯

利·内维尔

在澳大利亚历史上,就其文化重要性和对澳新军团神话的影响而言,科科达(Kokoda)仅次于加里波利。这个名字与加里波利的澳新军团湾(Anzac Cove)战役,都象征着澳大利亚及其盟军与对手较量时所激发出来的独树一帜的澳大利亚版"闪电战精神"。

尽管如此,究竟如何称谓这场战役,是科科达小径(Trail)还是科科达小道(Track),历史学家们分庭抗礼,莫衷一是。如今,"小道说"占了上风,而澳大利亚军人和战役记录则更多地使用后者。在军史记录者澳大利亚战争纪念馆看来,两种称谓均可接受。

在公众印象中,这场战役阻止了日本对澳大利亚大陆的入侵,但历史学家后来发现,日本人其实早已决定放弃了这种企图。他们得出的结论是,日本占领如此广袤陆地的白日梦永远不可能成为现实。然而1942年,入侵的威胁对普通澳大利亚人来说是真实存在的。日本对悉尼港的潜艇攻击和对达尔文的空袭只会加剧这种恐惧。一

位科科达战役老兵后来回忆说:"那是我们第一次在澳大利亚土地上为保卫祖国而战(澳大利亚当时是巴布亚的保护国)。我们必须赢得胜利,如果失败,后果不堪设想。"

山地行动

科科达小道战役从1942年7月中旬一直打到11月中旬,与狂妄之敌在世界上最荒凉地区进行了4个月短兵相接的战斗。这条小道人迹罕至,穿过现在的巴布亚新几内亚欧文斯坦利(Owen Stanley)山脉,从首都莫尔斯比港(Port Moresby)附近的欧文角(Owen's Corner)经过闷热潮湿的丛林,一路抵达乌波里(Uberi)村和伊奥里拜瓦(Ioribaiwa)村,小道在那里开始急剧攀升。这段小道的尽头是许多年轻士兵所熟知的"金梯"。在山腰上开凿出的这4000级阶梯十分湿滑危险。

由"金梯"继续向上,经过艰难攀登可到达海拔约1500米的伊福吉(Efogi)村,然后

才能到达海拔2000米的澳军前沿基地迈奥拉（Myola）。随着一步步的登高，气温在逐步下降，空气逐渐变得稀薄。这条小道在海拔约2500米的坦普尔顿渡口（Templeton's Crossing）达到顶峰，然后开始一路下降，穿过埃奥拉溪（Eora Creek），蜿蜒进入埃奥拉、阿洛拉（Alola）、伊苏拉瓦（Isurava）和科科达等小村庄。

科科达小道战役打响伊始，只有两个兵力不足的澳大利亚旅驻扎在莫尔斯比。两个旅都由澳军中经验不足、装备不良的青少年民兵组成。澳军第39营和巴布亚步兵营已经奉命翻过欧文斯坦利山脉去抵御日本可能在东北海岸的登陆。日军进攻得手后，先头部队于1942年7月21日黄昏时分登陆，最终上岸的日军超过1.4万人。

日军企图兵分两路，双管齐下攻占莫尔斯比港。一部越过欧文斯坦利山脉从北部包围首都，另一部则对莫尔斯比港直接发起两栖攻击。珊瑚海之战后，日军对莫尔斯比港的两栖进攻受挫，舰队损失惨重，只能沿着科科达小道向莫尔斯比港推进。

正是在科科达村打响了科科达小道战役的第一场战斗。澳军第39营的一部被空投到该村，向日军可能的登陆地点布纳（Buna）进行搜索侦察。

由山姆·坦普尔顿（Sam Templeton）上尉率领的澳大利亚民兵很快就与推进中的日军南海支队遭遇，由于寡不敌众，澳大利亚民兵实施了一系列骚扰行动以阻止敌人前进。坦普尔顿手下虽然成功伏击了第一批逼近奥伊维（Oivi）村的日军，但很快便被包围。坦普尔顿亲自出马前去向澳大利亚主力部队报警，但在穿越埃奥拉溪时中弹身亡。这条溪流很快就闻名遐迩，以他的名字命名为坦普尔顿渡口。

最终，幸存的澳大利亚士兵撤回到科科达。7月29日，日军占领了这个村庄。8月9日，79名澳军士兵重新夺回科科达，但旋即遭到大约1500名日军的反扑和追击。澳大利亚军人一路沿着科科达小道撤退到丹尼基（Deniki）村，然后退守伊苏拉瓦村，等待增援。日军人数很快就达到了第39营的10倍，但周围山谷的交叉火力给予伊苏拉瓦村极大的支援。

第一批参战的正规澳大利亚帝国军奉命来解救这些被围困的民兵，但最初两个营由于补给不足被迫止步于迈奥拉。衣衫褴褛、丢盔卸甲的第39营在伊苏拉瓦苦苦支撑。他们急需食物和弹药。指挥官称："激烈的战斗和与敌周旋令部队精疲力竭，缺吃少眠和风餐露宿使战士虚弱不堪。"尽管如此，他们仍然坚持战斗。据一位老兵回忆："我们必须待在那儿，战斗到生命的最后一息。现在想想还真有点儿后怕。当时我只是想：'唉，再也见不到亲人了。再也见不到澳大利亚了。'不过，我和战友们一样，已经做好了准备，决不后退半步，要流尽最后一滴血。"

8月26日，日本人再次向伊苏拉瓦发起攻击，将十面埋伏的守军逼到了绝境。此时，澳大利亚帝国军已陆续抵达战场，但日军增援部队也接踵而至。这场激烈战斗持续了3天，一门占据有利地形的日军山炮重创了澳军，致使他们被迫再度撤离。

8月29日，澳大利亚帝国军列兵布鲁斯·金斯伯里（Bruce Kingsbury）向日军阵地拼死冲锋。他的战友回忆道："他端着布伦（Bren）式轻机枪冲上前去，像收割庄稼一样把日本佬一排排割倒，极大地鼓舞了战友们的斗志。他径直冲向他们，好像刀枪不入似的。这时，有个日本佬跳到岩石上开了一枪，随即躲了起来。我向下一看，只见布鲁斯躺倒在地。我拽住他，把他带到达菲（Duffy）大夫跟前，随后送往团急救站

▲ 由于车辆在科科达小道上毫无用武之地，澳大利亚军队不得不依靠空中补给或者干脆自己携带补给

（澳大利亚皇家医生），刚把他放到地上，他就牺牲了。"金斯伯里被追授维多利亚十字勋章。

在日军第二次袭击之后，8月29日夜间，损失过半的第39营和澳大利亚帝国军增援部队溜出村庄，撤退到埃奥拉溪。在坦普尔顿渡口，被医生们戏称为"瘦骨嶙峋的稻草人"的饥肠辘辘的战士们饱餐了一顿炖牛肉。这是几个星期以来他们吃上的第一顿热饭。

在山炮和迫击炮的支援下，日军的无情攻击迫使澳大利亚部队从迈奥拉基地继续向南撤退到伊福吉村。在这里，他们得到了澳大利亚帝国军一个营的增援，第39营的幸存者最终班师莫尔斯比港。一路上，澳大利亚军队边打边撤，不断用伏击来骚扰和迟滞敌人，让日军为攻占的每一寸土地都付出血的代价。日军的攻击仍在继续，尽管有另外两个营赶来增援，但澳军还是被迫撤退到离莫尔斯比港不足50千米的伊奥里拜瓦岭。

命运的捉弄

当科科达战役在巴布亚展开时，美国海军陆战队在瓜达尔卡纳尔（Guadalcanal）岛实施了

1. 7月28—29日
澳大利亚军队首先与日军南海支队先遣部队遭遇。尽管敌众我寡，但澳大利亚人还是成功蒙骗了日军，让他们误以为澳大利亚兵力是实际的10倍。

2. 8月8—9日
科科达村争夺战之后，澳军失守，后日军放弃，其间澳军曾短暂夺回科科达村。8月9日，该村再次落入日军手中。

3. 8月26—30日
澳大利亚防守伊苏拉瓦，抵御住了日军的轮番进攻。尽管有澳大利亚帝国军的增援，但澳军还是被迫撤离。澳大利亚帝国军指挥官被日军抓获并处决。

4. 8月31日—9月5日
日军的持续袭击迫使被围困的澳军通过埃奥拉和迈奥拉前线基地撤退。这是战役中最危险的时段，也是日军最接近获胜的时段。

5. 9月6—9日
随着第39营班师莫尔斯比港，伊福吉村得到了新赶来的澳大利亚帝国军的增援。尽管如此，他们差点被日军包围，险些逃脱，伤亡惨重。

6. 9月14—16日
伊福吉战役的幸存者在伊奥里拜瓦岭为莫尔斯比港的最终防御做准备。他们与日军形成了对峙。由于无法实现可维持作战，日军开始撤退。

7. 10月12日
澳大利亚帝国军增援部队追击撤退的日军，在迈奥拉岭与日军接火。日军在那里阻击澳军3天，然后在夜幕的掩护下悄悄溜走。

8. 10月13—27日
澳大利亚军队攻击了日军在埃奥拉溪和邻近村庄的防御工事。经过一场代价高昂的战斗，日军溃败，从欧文斯坦利山脉边打边撤。

9. 11月2日
澳大利亚军队进入科科达村时，一弹未发。这既是一场鼓舞士气的胜利，也是一场战略胜利，前沿机场已经落入澳大利亚军队掌控之中。

10. 1942年11月—1943年1月
科科达小道被夺回后，作战行动持续了3个月之久，直到最后一支日军在东北海岸的最初登陆点布纳被歼灭或俘虏。

莫尔斯比港 — 乌波里 — 艾米塔 — 伊奥里拜瓦 — 旅山 — 伊福吉 — 丹尼基 — 伊苏拉瓦 — 科科达 — 阿瓦拉 — 波庞德塔 — 戈纳 — 布纳

死亡之路

科科达和日军一样都是顽敌

澳大利亚军队每天还要打另外一场战争：与地形作战

巴布亚土地上的仗十分难打。这里属热带气候，年均降雨量超过250厘米。季候性倾盆大雨意味着能将一条小溪在一小时内变成一条波涛汹涌的河流。山脉是这个国家的"脊梁"，也是著名的坦普尔顿渡口战役的战场，那里既寒冷又潮湿。在海拔较低的地方，则是又热又湿。

这条小道的地形多种多样，从险峻的山梁、长满血草（Kunai grass）的山谷到无法穿越的原始雨林，不一而足。这对战斗产生了重大影响。极其有限的能见度意味着与敌人的大部分遭遇都是短兵相接。有鉴于此，冲锋枪和手榴弹尤其受到青睐。

因为小道随时都有可能出现齐膝深的泥泞路段，因此，前进速度几近蜗行。士兵们经常浑身湿漉漉的，军装和军靴根本无法清洗和干燥，导致痢疾和其他疾病流行。他们还经常受到携带疟疾病毒的蚊子的骚扰。简言之，正如一个澳大利亚大兵所说，这里根本就"不是人待的地方"。

▲ 巴布亚当地的搬运工沿着科科达小道在撤离一名身负重伤的澳大利亚大兵。注意看山的坡度、泥泞的地面和令人倍感压抑的丛林

随后在坦普尔顿渡口和埃奥拉发生了持续一周的战斗。在这场恶战中，50多名澳大利亚大兵阵亡，130多人负伤。

大规模两栖登陆。如果美国人能占领这条飞机跑道，他们就将拥有一块垫脚石，借此攻击日本控制的太平洋岛链。对日本人来说，对巴布亚的澳大利亚军队进攻由于遭到顽强抵抗而耗时太多，指挥官对一举攻克莫尔斯比港的过度承诺感到焦虑，尤其是在美国海军陆战队击退日军对瓜达尔卡纳尔岛的一次大举反击之后更是如此。日军的补给有限（他们从布纳出发，只带了12天的口粮和水），而且由于补给线已经远远超出安全长度，因此他们决定集中优势兵力对付美国海军陆战队的登陆。

9月下旬，日军不得不推迟攻克莫尔斯比港的行动，被迫沿着科科达小道向北撤回埃奥拉村。由于日语中没有"撤退"一词，日军命令"向后方前进"。澳大利亚军队采用的拖延战术大为奏效。他们延缓了日军的后撤，直到日军无路可退。澳大利亚军队扭转了战局。如今，他们成了进攻方。

新的澳大利亚帝国军沿着科科达小道向后方推进到梅纳里（Menari），没有遭遇敌军。10月12日，行进的澳大利亚军队在迈奥拉岭战役中与撤退的日军交火，最终越过科科达小道从侧翼包抄了3支日军分遣队。

澳大利亚军队稳步推进，派出侦察队侦察日军的防御工事。一名老兵回忆道："我永远不会忘记第一次当突前侦察兵的事。我有幸活了下

▲ 1942年圣诞节，巴布亚勤务兵在照料一名受伤的澳大利亚士兵

▲ 日军在科科达小道上行军时全程携带的炮弹

来，做了一段时间侦察兵，后来有人接替了我。所说侦察，其实什么都做不了，沿着科科达小道走就是了。只要有人朝你开枪，你就知道哪里有日本佬了。"

撤退的日军第144联队奉命退守埃奥拉溪，并在埃奥拉以南科科达小道坡道上构筑防御阵

"巧克力兵"参战

作为英联邦成员国，澳大利亚继英国之后向德国宣战，在1940—1941年将其大部分志愿军（澳大利亚帝国军）派遣到海外。

澳大利亚帝国军在希腊和北非作战的同时，保卫澳大利亚本土和领地的任务主要由应征民兵（正式称谓是澳大利亚军事力量）完成。

当时的澳大利亚军事力量由大约13万名应征士兵组成，大多数人都没有作战经验。根据法律规定，起初这些人只限于保卫澳大利亚，不能像澳大利亚帝国军那样派遣海外。为迎击日军在巴布亚的闪电般攻势，由于正规部队捉襟见肘，第一支澳大利亚军事力量被派去保卫这块当时属于澳大利亚的领地。

这些民兵在被派往巴布亚丛林作战之前，充其量只接受了为期一个月的基本军训。他们平均年龄18岁，与日军相比，装备明显逊色。正规的澳大利亚帝国军根本没把他们放在眼里，称他们是"巧克力兵"（Chocos），意思是经不住战火的洗礼，阳光一晒就会融化。

还有人戏称他们"考拉"，一种不得出口或射杀的澳大利亚本土珍稀有袋动物。值得注意的是，越战期间，"Choco"或"Choc"一直是澳大利亚的一个军事术语，直到今天还用来指代预备役士兵。

▲ 经过数周的激烈战斗后，第39营举行阅兵仪式

地。在那里可以俯视小溪这道天然屏障。大炮给日军步兵提供了有效的支援，可以在澳大利亚军队向前冲锋时以致命的角度向斜坡开火。

尽管占尽地利，随时有待命炮兵进行火力支援，但日军也面临着一些严峻挑战。他们刚刚临阵换将，因为指挥官必须回国参加晋升考试，而此时此刻士气低落的日军恰恰需要指挥系统的连续性和稳定性。他们的补给也极度匮乏。澳大利亚军队后来报告称，有证据表明，许多日本士兵一直以草根、树皮和植物根茎果腹。弹药也供不应求。

随后在坦普尔顿渡口和埃奥拉发生了持续一周的战斗。在这场恶战中，50多名澳大利亚大兵阵亡，130多人负伤。由于弹药和补给充足，部队以逸待劳，澳大利亚军队最终战胜了日军，尽管为此付出了巨大代价。

一名排长还记得日军山炮朝他炮击时的情景："我不得不待在埃奥拉溪上方的一个隐蔽处，日军的那门炮轰鸣着。每次开炮，炮弹都会落到科科达小道上，总有人被炸身亡。这对普通人的勇气来讲真是极大的考验。我可不想再经历第二次了。"

敌人现在全面撤退，科科达处于未设防状态。一名澳大利亚大兵写道，尽管如此，11月2日重新夺回科科达村极大地提振了澳军士气："这次行动太有意义了。机场现在在我们手里，就意味着我们能吃得更好，过得更舒服些。"令人不安的是，撤走的日军把他们的重伤员留了下来。一名日军军官回忆道："我们给他们发了手榴弹，指示他们：'敌人靠近时，把第一枚手榴弹投出去，用第二枚手榴弹自杀。'留下他们，我们就过河了。这是那场战争留给我的最糟糕的记忆。"

▲ 澳大利亚炮兵在被缴获的日军火炮前留影

开始还是结束？

澳大利亚军队赢得了科科达小道之战，但与日军南海支队的残部为期3个月的残酷战斗还在等待着他们。11月，澳大利亚军队在美国陆军部队的伴随下抵达东北海岸的布纳和戈纳（Gona）。那里是日军最初的登陆地。事实上，尽管美国将军道格拉斯·麦克阿瑟对澳军颇有微词，但随着第一支美军抵达巴布亚，他才认识到澳大利亚人，尤其是澳大利亚军队的韧性。在这场战役的大部分时间里，麦克阿瑟一直对澳大利亚人持直言不讳的批评态度。

美军第126团的一个步兵营抵达后，被派往与科科达小道平行的卡帕-卡帕小道（Kapa Kapa Trail）。尽管没有遭遇到任何日军，但他们耗费了惊人的42天时间才穿越欧文斯坦利山脉。精疲力竭的他们像澳大利亚军队一样饱受痢疾和疟疾的折磨，在随后的几个月里完全失去了战斗力。

科科达战役不仅要对日作战，还要与疾病和营养不良进行抗争。任何时候都至少有10%的作战人员在经受丛林疾病的煎熬，其中最主要的是由恶劣的生存条件、饮食以及缺少对症药品引发的痢疾。

因战斗、丛林疾病和营养不良造成的双方伤亡人员往往由土著搬运工撤走。为澳大利亚军队效力的巴布亚人被大兵们用带有种族主义色彩的措辞称为"糊涂天使"。澳大利亚空军本该将伤亡人员从迈奥拉空运出去，却坐视不管，理由是绝地飞行的危险性太大。结果，伤亡人员只能由巴布亚人抬出丛林。日军对待巴布亚土著人的手段更为残忍，完全把他们当作奴隶看待，许多人因过度劳累一病不起，最终或者病死或者被日军处决。

补给是影响巴布亚丛林作战表现的另一个关键因素。对澳大利亚人来说，最近的补给站是160千米以外的莫尔斯比港。所有补给都必须由大兵、巴布亚搬运工和驮畜背着运进来，或者实施空投，但这一过程极不可靠，许多货物托盘会消失在丛林之中。

食物和弹药属于稀缺品，所以必须尽可能省吃俭用。本文作者的祖父、当时的一等兵爱德华·法雷利（Edward Farrelly）曾参加过科科达小道战役。他还记得自己的汤普森冲锋枪通常只有两个不满的弹匣。澳大利亚士兵和其他军人一样，经常携带的是并不适合他们所处特殊环境的装备。

据法雷利回忆，他在闷热的丛林中带着一支点55男孩反坦克步枪，不装弹时足有16千克重。由于小道上没有日军装甲车辆，这种步枪毫

▲ 第7营士兵用马拉着一门25磅炮翻越欧文斯坦利山脉

▲ 据说，无论战斗如何激烈，巴布亚土著人也从未把一名伤兵留在前线阵地上

▲ 伊苏拉瓦战役结束后，第39营D连的战士返回大本营

无用处。即便粗略地查看一下地图都能发现，这里根本不适合坦克作战。可想而知，在一次不幸的"事故"中，这些男孩反坦克步枪全都"掉进了"陡峭的山谷里。类似维氏（Vickers）中型机枪这样的武器在小道战役初期本来可以发挥决定性作用，大兵们却接到上级长官莫名其妙的命令予以丢弃，理由是在丛林密布的地形作战，这些武器过重，无法使用。

战斗进行得非常激烈，经常是短兵相接，日军士兵通常宁愿去死也不愿被抓，蒙受羞辱。一名澳大利亚老兵对日本军官的行为记忆犹新："那是我见过的最不同寻常的场面。我们把日本兵包围起来，想要攻占阵地，把他们全都杀死。这时，一个日军军官手里握着武士剑冲了出来。我们的一名中尉和他扭打在一起。打仗就是这样，你知道。他们互相扭打着，这时，我们的一个战友也跳了出来，开枪把这个挥舞着武士剑不知死活地冲向我们的日本佬干掉了。那场面真的难得一见，反正在1942年的这场战役中一般人看不到。"

与后来在太平洋战争中实施的跳岛作战一样，科科达战役是一次异常凶残的行动，双方都没有给对手留下任何活路。日军暴行进一步凸显"先开枪，后审问"的残酷，因此，抓获俘虏的做法十分罕见。在实战中可以看出，日军是战术操弄老手，他们设计的战术与当地地形相当匹配。

有一个澳大利亚大兵在日记中写道："他们很擅长爬上椰子树进行狙击。日本佬似乎无处不在，能看到他们的时候恐怕也就没命了。我真不知道他们是怎么爬上椰子树的。什么都不带我也爬不上去，况且他们还能把机枪支到上面。"

尽管激战、疾病、食物和水匮乏以及丛林密布，但澳大利亚人还是取得了胜利。心存感激的澳大利亚人切实感受到，这场胜利为日本入侵澳大利亚画上了句号。

日本的伤亡人数不详，但据信有数千人。1600多名澳大利亚军人在科科达小道战役中负伤，625人阵亡，因疟疾、痢疾和登革热致死的更多。铁军第39营前指挥官、已故的拉尔夫·霍纳（Ralph Honner）中校道出了许多人的感受。他说："他们年纪轻轻便慷慨赴死，憧憬梦想，至爱亲朋，他们错过太多，也舍弃太多。他们为了战友们能活下来而牺牲了自己的生命，堪称是天下至爱。"

短兵相接
双方在局促的丛林空间中所使用的小型武器

日本军队
三八式步枪
弹仓容量：5发　　射速：15发/分钟

与日军大多数小型武器相比，三八式栓动步枪是一种制式主战武器。其6.5毫米口径步枪弹产生的后坐力和膛口焰比澳大利亚军队使用的标准7.7毫米口径步枪弹的要小。

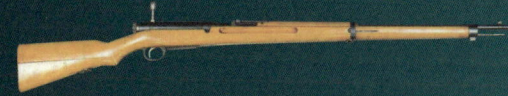

92式重机枪
保弹板：30发　　射速：450发/分钟

日军92式重机枪是一款非同寻常的设计，配有30发保弹板。因其射速缓慢而又稳定，澳大利亚大兵给它起了个外号"啄木鸟"。

澳大利亚军队
布伦式轻机枪
保弹板：30发　　射速：500发/分钟

英制布伦式轻机枪射击精度高，重量较轻，性能可靠，由位于机匣上方的30发弹匣供弹，子弹为7.7毫米口径（与恩菲尔德步枪弹口径相同）。

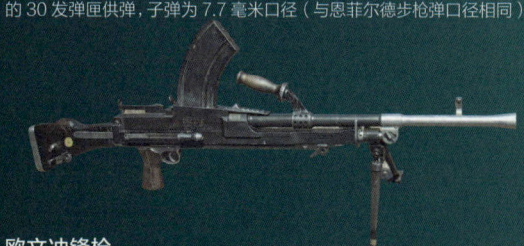

欧文冲锋枪
弹仓容量：33发　　射速：700发/分钟

澳大利亚设计的欧文冲锋枪是美国汤姆逊冲锋枪的替代品。首次服役是在科科达小道战役的最后阶段，因其重量很轻而备受青睐。

▲ 20世纪40年代和50年代饱受战争蹂躏的欧洲移民把澳大利亚视为生机勃勃、充满理想的富庶之地

新澳大利亚人

"二战"后的澳大利亚政府意识到，
要加强生产和国防，必须鼓励移民

阿普里尔·马登

  20世纪30年代波及整个资本主义世界的大萧条也给澳大利亚造成了沉重打击，接踵而至的第二次世界大战更是雪上加霜。虽然这场战争带来重大人员伤亡，而且日本入侵澳大利亚的威胁一直如影随形，但它也促进了澳大利亚工业飞速发展，大幅提高了国内生产总值。到1943年底，国内生产总值已是1918年的3倍。男子在科科达小道和离家更远的战区作战，促使更多女性加入了劳动生产大军，但即便如此，她们也不足以维持较高的生产水平。"二战"结束之际，澳大利亚在战争中失去3万多人，另有6.5万人负伤，自澳大利亚独立以来第一次出现用工荒，急需外来工人填充劳动力市场。

  在1901年联邦成立之前的几年里，澳大利亚各界曾联合起来反对不受欢迎的经济移民，如今却反其道而行之，开始积极招募技术专家和体力劳动者，让其参与蓬勃发展的制造业和政府支持的基础设施建设。招募对象主要集中在不列颠群岛，还在这里重新启动饱受争议的儿童移民计划，这项计划旨在把英国孤儿或来自当地政府救济家庭的儿童送到澳大利亚，表面上是通过领养来让他们过上新生活，但实际上是让他们充当廉价劳动力。这个移民项目使移民儿童蒙受了身体和精神上的巨大痛苦。为此，英国和澳大利亚政府向幸存的移民儿童及其后代一再致歉。

  不过，大多数战后移民在澳大利亚过上了好于以往的生活，就业机会充足，劳动薪酬合理——澳大利亚的劳动法比许多移民祖籍国的更好，而且在澳大利亚这样一个人口较少的国家，人们住的房子更大，拥有花园的人也更多，生活水准也远远高于饱受战争蹂躏的欧洲。与欧洲人相比，澳大利亚人经历的战时配给制并没有那么严格，只有茶、黄油、糖、肉和服装受到了控制，而且大多数配给也都在1947年结束。茶和黄油的配给一直持续到1950年，但在英国，许多定量配给一直持续到1954年，而且由于数年歉收和冬季严寒，一些必需品的战后配给比战时的还要糟糕。虽然到配给制结束时澳大利亚人

▲ 1949年，移民澳大利亚的英国人在"乔治克"（Georgic）号甲板上微笑着合影。这艘船将载着他们驶向新生活

已经心生厌倦，但相比之下，在初来乍到的英国移民看来，澳大利亚称得上是富庶之地。对于那些在过去10年间勉强糊口度日、住在维多利亚时期城市贫民窟小小排屋里的英国工人移民来说，这里无疑就是天堂。

然而，尽管澳大利亚的角色设定十分诱人，但每10人中就有9名英国人的移民目标无法单纯依靠英国来实现，况且还有一些人并不愿移民。澳大利亚不得不扩大移民范围，把更多的欧洲国家囊括进来。在勉强规避了日本入侵的威胁后，澳大利亚非常清楚自己急需更多的成年人口来保卫这个新兴国家免受未来的任何威胁。本·奇夫利（Ben Chifley）领导的工党政府确定了通过移民每年将人口增长1%的目标。奇夫利的移民部部长亚瑟·卡尔韦尔（Arthur Calwell）追求澳大利亚民族自豪感和社会凝聚力的理想，为这些移民创造了"新澳大利亚人"一词，以避免使用诸如"pommy"（英国佬）之类的词语来指代英国移民，或用带有种族主义色彩的蔑称来形容非白人移民。也就是说，一旦移民至此，就不会再用以前的国籍来对你加以定义，大家一视同仁，都是澳大利亚人。尽管如此，政府仍然利用白澳政策的相关规定将不受欢迎的种族拒之门外。《移民限制法案》中的听写测试时常会被操纵，以确保某些候选移民不能通过。在上级官员怂恿和默许下，评估专员可任选一种欧洲语言的50个单词对移民进行听写测试，从而有充分的机会来操纵测试结果。以"二战"之前的

▲ 澳大利亚招募英国移民广告

一个著名案例为例,逃离纳粹迫害的捷克裔犹太人埃贡·基希(Egon Kisch)就接受了苏格兰盖尔语(Gaelic)听写测试。还有一个案例是,出生于印度的英国女性梅布尔·弗里尔(Mabel Freer)接受了意大利语听写测试。后来,两人的考试结果都被匡正,最终获准移民澳大利亚。然而,《移民限制法案》及其明显带有偏见的权重直到1958年才被叫停。1975年,随着《反种族歧视法》的通过,白澳政策的最后残余才从澳大利亚移民法规中剔除干净。

随着战后英国恢复元气,移民澳大利亚的英国人数量急剧下降。1953—1956年,来自南欧的移民数量远超英国移民。这一时期的南欧移民在很大程度上成就了今天澳大利亚众多郊区的独特风貌。虽然移民最初都涌向就业机会遍地的中心城市,但低价房屋和土地诱使他们搬离市区,在当时仍是灌木丛生之地开创自己的家园。这些来自意大利、希腊和巴尔干半岛的移民在打造炎热环境下的建筑方面比英国人更有经验。英国人偏爱高、窄、多层的小窗建筑,而这批新移民清楚,大平层更适合澳大利亚的气候。新移民中许多人都是能工巧匠,木工、细木工、管道工和建筑工人等无所不包。他们更喜欢宽敞的落地窗,可以坐享当时的乡村景观和澳大利亚的和煦阳光。厕所、杂物间和盥洗设施全都置于室内,用凉爽、洁净的密封瓷砖取代了易招害虫的地板。宽阔的花园里除了有粮食作物点缀,还有休闲元素做装饰。大多数后院至少有一棵果树和大量蔬菜、花卉、灌木,还有供孩子们在上面玩耍的草坪,甚至可能还有游泳池。建筑融合了中世纪欧洲包豪斯(Bauhaus)风格,简洁曲线、本色砖坯和水磨石随处可见。从立柱、山花和房前的石狮上都能窥见古典和巴洛克风格的影子。这种风格经常受到盎格鲁-凯尔特族裔澳大利亚人的诋毁,而对世界其他地方的人来说,它成了肥皂剧中郊外生活的同义词。在澳大利亚国内,这种风格最终受到了酷爱媚俗美学取向的设计师的关注。令人扼腕的是,随着墨尔本等城市人口密度越来越大,这一独具特色的澳大利亚郊区景观正在沦为开发商的猎物,因为大型花园占用了住宅开发所需的大片土地。

虽然澳大利亚政府信誓旦旦地向国人保证,需要无技术非英国移民来从事"澳大利亚或英国工人普遍无法接受的工作",但来自其他国家移民的激增着实让这个公然存在种族偏见的社会感到警觉和惊恐。由时任总理罗伯特·孟席斯领导的自由党和乡村党联合政府为应对这场日益凸显的危机,对潜在英国移民和已经移民的英

▲ 非英国移民会被送到收留中心工作，直到他们融入澳大利亚社会。图中是位于曾经的博内吉拉（Bonegilla）移民营前的纪念立像

国人实行经济激励政策，以促成他们动员亲朋好友一起弃英来澳。"带来一个英国人"计划的实施使得英国移民的数量再度超过其他地区的移民。享受澳大利亚巨额补贴的英国人一度被称为"十英镑移民"，因为这就是他们在旅程资助移民计划（APMS）框架下赴澳移民旅程的全部成本。早先"十英镑移民"（或其享受免费旅程的子女）的澳大利亚名人包括前总理托尼·阿

> 直到1975年，随着《反种族歧视法》的通过，白澳政策的最后残余才从澳大利亚移民法规中剔除干净。

雪山工程

许多人认为雪山工程（Snowy Mountains Scheme）是澳大利亚多元文化的基石。该工程系政府资助的大型水电和灌溉项目，位于澳大利亚大陆东南部。1949—1974年，该工程穿过雪山（大分水岭）修建了16座大坝、2座泵站、9座水电站以及225千米长的输水管道、隧洞和渡槽。来自世界各地的工人参与了这项工程建设，其中70%是移民。为工人们兴建的卡布拉穆拉（Cabramurra）和坎科班（Khancoban）这两座城镇至今仍在蓬勃发展。与此同时，周边地区也从工程配套的基础设施中受益。该工程完成后，政府把这支多元文化劳动大军中的大部分人留作雪山工程公司的雇员。

▲ 1949年，时任澳大利亚总理本·奇夫利（左）在新南威尔士州阿达米纳比（Adaminaby）启动雪山工程

博特（Tony Abbott）和朱莉亚·吉拉德、比吉斯（Bee Gees）流行音乐组合、摇滚乐队AC/DC的马尔科姆·扬（Malcolm Young）和安格斯·扬（Angus Young），歌手凯莉·米洛（Kylie Minogue）和影星休·杰克曼（Hugh Jackman）的父母也是借助该计划移民到澳大利亚的。不过，尽管享有政策优势，但大约25%的英国移民没有申请澳大利亚公民身份，许多人没过多久便离开了澳大利亚。

20世纪70年代，白澳政策的最后余孽被从移民法规中铲除，移民政策中的文化专一性寿终正寝，进而掀起了一股持续至今的亚洲移民浪潮。今天的澳大利亚是一个充满活力、拥有多元文化的国度，努力从过去偏见性错误中吸取教训。

▲ 梅尔·吉布森（Mel Gibson）和澳大利亚演员史蒂夫·比斯利（Steve Bisley）在影片《疯狂的麦克斯》(Mad Max，1979年）拍摄现场。该片属于澳大利亚新浪潮中的低成本三俗片（Ozploitation）

澳大利亚艺术与文化

从海德堡画派到三俗片再到肥皂剧《左邻右舍》，澳大利亚本土艺术和文化遗产十分丰富

波比·杰伊·圣帕尔默

澳大利亚在很多方面都闻名遐迩，橄榄球、烧烤、令人毛骨悚然的爬行动物等，不一而足，但当谈及对20世纪、21世纪艺术和文化的贡献时，这个国家往往被人们极大地忽视了。尽管如此，澳大利亚在这些领域里仍然拥有鲜为人知但却十分丰富的历史。

19世纪末，几名画家掀起了一场极其重要的澳大利亚艺术运动。它深受法国印象主义的影响，为澳大利亚景观提供了全新的视角。很快，艺术评论家西德尼·狄金森（Sidney Dickinson）将这场运动称为海德堡画派（Heidelberg School）。小镇海德堡位于墨尔本市郊，那里坐落着供画家进行户外写生的第一批"画家营地"。先驱艺术家包括亚瑟·斯特雷顿（Arthur Streeton）和沃尔特·威瑟斯（Walter Withers），不久之后，汤姆·罗伯茨（Tom Roberts）、查尔斯·康德（Charles Conder）、弗雷德里克·麦库宾（Frederick McCubbin）等也加入了他们的阵营。虽然画家的风格和主题各不相同，但他们的作品都具有自然主义和印象主义的画风，对澳大利亚的生活、灌木丛和举世闻名的独特阳光等进行了栩栩如生的描绘。近来，艺术史学家将海德堡画派称为"澳大利亚印象派"。

海德堡画派不仅震动了澳大利亚艺术界，而且在强化当时盛行的民族主义情绪方面发挥了巨大作用。这一时期，殖民地还没有统一成一个国家，"澳大利亚"还只是一个地理概念，而不是政治现实。居住在澳大利亚的非土著居民的民族认同感才刚刚萌芽，因此艺术家的创作因具有鲜明的澳大利亚特色而备受赞誉。及至20世纪，评论家们认为这场运动是澳大利亚传统跻身西方艺术的滥觞。许多参与这场运动的艺术家都受到欧洲印象派的影响。鉴于他们曾在欧洲大陆接受过艺术训练，有过工作和旅行的经历，因此，这两种画风之间有明显的相似之处。

虽然海德堡画派对澳大利亚文化产生了巨大影响，但它显然不是第一个发挥如此作用的艺术形式。土著文化和土著艺术可以追溯到约6万年前。从历史上看，土著人通过岩画中的图标和符号而不是书面语言讲述了重要的文化故事。许多世代传诵的传说展示了人们在这片土地上的生存状态，而受众则根据自己的年龄和人生阅历据此创作出更简单、更质朴或更复杂、更精致的作品。

长期以来，演绎了数千年的土著艺术一直是澳大利亚历史的一部分，在土著人聚居区内尤其如此。然而，第一批现代土著艺术作品直到20世纪30年代才出现。在此之前，大多数澳大利亚土著艺术品都用赭石这种天然黏土创作，用作人体彩绘或在岩石和树皮上作画的颜料。20世纪，澳大利亚原住民和托雷斯海峡岛民开始用水

> 海德堡画派对澳大利亚阳光的描绘一眼就能辨认出来。

大多数澳大利亚土著艺术品都用赭石这种天然黏土创作，用作人体彩绘或在岩石和树皮上作画的颜料。

澳大利亚现代文学

作为早期英国殖民地，澳大利亚的文学传统与英国文学有着千丝万缕的联系。然而，1788年，这一传统开始推陈出新。澳大利亚作家开始探索能代表自己国家和民族身份的新主题，如民主、移民、原住民、城市生活以及澳大利亚独特的地理和景观。

这些主题经久不衰，至今仍为众多当代作家、诗人和剧作家所痴迷。20世纪澳大利亚杰出作家、小说家帕特里克·怀特（Patrick White）善于从周围环境汲取灵感，他的第一部长篇小说《幸福谷》（Happy Valley，1939年）就讲述了一个在新南威尔士州雪山附近牧场上工作的农场新人的故事。1973年，他"运用史诗般的心理叙事艺术将一个新大陆引入了文学"，成为澳大利亚首位诺贝尔文学奖获得者。

尽管包括原住民和托雷斯海峡岛民在内的众多澳大利亚作家只是墙里开花，但许多澳大利亚侨民却"香飘"海外。例如，回忆录作家、诗人和小说家马丁·博伊德（Martin Boyd）虽然出生于澳大利亚，但一生大部分时间都生活在欧洲。即使身在国外，他仍心心念念澳大利亚的特色主题。他在英美享有盛誉，但澳大利亚本土读者却置若罔闻。

▲ 澳大利亚首位诺贝尔文学奖得主、小说家帕特里克·怀特。他创作的小说包括《幸福谷》《探险家沃斯》（Voss）和《人树》（The Tree of Man）

彩绘画，从而在土著人群中掀起了一场新的重要艺术运动。

这种艺术形式的先驱之一是堪称同代人中最为知名的澳大利亚土著人阿尔伯特·纳马吉拉（Albert Namatjira）。他是一名西部阿伦特（Arrernte）族土著人，在爱丽丝泉城外的赫尔曼斯堡（Hermannsburg）路德教会里出生并长大。纳马吉拉的一生是艺术的一生，自1934年开始师从澳大利亚艺术家雷克斯·巴塔比（Rex Battarbee）学习绘画。

通过这些课程，纳马吉拉较为详细地了解了西方艺术，最终对其创作风格产生了重大影响。他运用水彩绘制内陆风景，体现的细节要比传统土著艺术品的抽象图案详尽得多。尽管纳马吉拉的作品突显了以法国印象派为代表的传统欧洲风景画的特点，但也让观众透过他的视角目睹了澳大利亚的独特面貌。他的绘画风格催生出了一个新的运动，即赫尔曼斯堡画派，使纳马吉拉的名字家喻户晓。在澳大利亚家家户户的墙上经常能看到他的原画印刷版。

1971年，当代澳大利亚土著艺术与帕潘亚·图拉联合会（Papunya Tula collective）一起复兴起来。这家艺术家联合会由土著人拥有并经营，总部位于澳大利亚西部沙漠。学校教师杰弗里·巴登（Geoffrey Bardon）积极鼓励当地土著艺术家在学校空白墙壁上创作壁画，这场艺术运动由此肇兴。壁画采用传统岩画和沙型装饰风格。此举带动了该地区其他土著画家把世代传诵的祖先故事（Jukurrpa）绘制成较小的画作，汽车顶盖、锡罐头盒、火柴盒，无处不是他们创作的空间。人们将这些艺术创造力的爆发视为当代澳大利亚土著艺术的起源。第一代参与联合会创作的男性艺术家包括阿纳贾里·特贾卡马拉（Anatjari Tjakamarra）、克利福德·波苏姆·特贾帕特贾里（Clifford Possum Tjapaltjarri）和卡帕·特贾姆皮特金帕（Kaapa Tjampitjinpa）。20世纪80年代末，包括潘西·纳潘加迪（Pansy Napangardi）、多琳·里德·纳卡马拉（Doreen Reid Nakamarra）和艾琳·纳帕特贾里（Eileen Napaltjarri）在内的一批女性艺术家终于跻身他们的行列。

对澳大利亚艺术和文化来说，20世纪70年代是相当重要的10年。谈及以电影闻名的国家，人们通常不会想到澳大利亚。就电影产量而言，印度、尼日利亚、中国、日本和美国始终在世界上名列前茅。法国、英国、意大利等欧洲国家以其独立美学风格的艺术电影闻名。然而，从很早开始，澳大利亚就默默地为电影事业做出了不可或缺的贡献。事实上，世界上第一部长篇电影《凯利帮的故事》（The Story of the Kelly Gang，1906年）是在墨尔本制作的，预算只有450英镑。许多如日中天的影星，如休·杰克曼、克里斯·海姆斯沃斯（Chris Hemsworth）、凯特·布兰切特（Cate Blanchett），甚至连好莱坞黄金时代扮演罗宾汉的埃罗尔·弗林（Errol Flynn）都来自澳大利亚。

然而，澳大利亚最突出的贡献非澳大利亚新浪潮电影莫属。这是澳大利亚电影复兴的时代。它始于20世纪70年代初，开启了澳大利亚电影在世界范围内、尤其是在美国的涅槃。第二次世界大战行将结束之际，澳大利亚电影业经历了快速衰落时期，到20世纪60年代几乎停滞不前。为了拯救电影业，戈顿总理（John Grey Gorton，1968—1971年任期）和惠特拉姆总理（Edward Gough Whitlam，1972—1975年任期）两届政府出手干预，为电影制作提供

▲ 艺术家迈克尔·纳尔逊·贾加马拉（Michael Nelson Jagamara）是帕潘亚·图拉联合会成员和资深画家。这是他在北领地的家中展示自己的作品

▲ 土著艺术家阿尔伯特·纳马吉拉，摄于1958年。纳马吉拉的作品受到欧洲印象派的影响，让人们对澳大利亚的风景有了全新的认识

资金，培养了包括著名导演彼得·威尔（Peter Weir）、乔治·米勒（George Miller）和吉莉安·阿姆斯特朗（Gillian Armstrong）在内的新一代电影人。

澳大利亚电影业由此出现了空前的繁荣，1970—1985年制作了近400部电影。电影新浪潮也带来了新的艺术风格。富有创意的作品令人耳目一新，但同时也呈现出暴力和色欲倾向。这一时期著名的电影包括《漫游》（Walkabout，1971年）、《悬崖上的野餐》（Picnic at Hanging Rock，1975年）、《疯狂的麦克斯》（1979年）和《鳄鱼邓迪》（Crocodile Dundee，1986年）。

电影新浪潮时代也标志着一种新兴流派即现在人们熟知的三俗片的到来。1971年引入电影

> 世界上第一部长篇电影《凯利帮的故事》（1906年）在墨尔本制作，预算只有450英镑。

R评级制度[①]后，业经改革的澳大利亚电影业决定投资当时在其他国家流行的低成本恐怖片、喜剧、色情片和动作片。以20世纪70年代革新精神为先导所拍摄的粗俗、暴力、骇人听闻甚至令人生厌的影片，诸如有关武侠、科幻、飙车党的

---

① 被评为R级的电影由于含有过多成人内容，在没有成年人或监护人陪伴下，年满17岁以下的观众不得进影院观看。

媚俗电影和庸俗恐怖片等，都可以归入三俗片电影类型。

然而，它们同时也让观众有机会领略澳大利亚文化中更为狂野的一面以及广阔的沙漠景观，故而对澳大利亚电影业发展做出了重要贡献。20世纪70年代初到80年代末，三俗片一直大行其道，由于这类制作中不乏邪典电影（cult films）①和经典之作，因此至今仍受到大量粉丝的追捧。

在某些方面，澳大利亚电视业历史正是电影发展史的折射。20世纪70年代之前，澳大利亚电视节目都是自给自足的。本土电视节目很快就能吸引大量的澳大利亚观众，但仅此而已，没能走得更远。家庭剧、游戏剧、流行剧、体育剧和情景喜剧日益受到澳大利亚国内观众的欢迎，直到墨尔本华丽转身成为澳大利亚肥皂剧中心，情况才开始发生变化。

除《钟鸣鸟》（Bellbird，以一个小镇为背景）、《96号》（Number 96，以一栋4层公寓楼为背景）和《囚犯》（Prisoner: Cell Block H，以女子监狱为背景）等热播剧外，《左邻右舍》（Neighbours）成为有史以来最受欢迎的肥皂剧之一。该剧以虚构的墨尔本郊区为背景，讲述了拉姆齐（Ramsay）街居民的生活与爱情。包括凯莉·米洛、玛戈特·罗比（Margot Robbie）、盖伊·皮尔斯（Guy Pierce）、拉塞尔·克劳（Russell Crowe）、克里斯·海姆斯沃斯和利亚姆·海姆斯沃斯（Liam Hemsworth）在内的诸多澳大利亚超级明星随着这部剧的播出而一炮走红。37年来已播出近9000集的《左邻右舍》仍受人热捧。

---

① 指某种在小圈子内被支持者喜爱及推崇的电影，指拍摄手法独特、题材诡异、剑走偏锋、风格异常、带有强烈的个人观点、富有争议性，通常是低成本制作，不以市场为主导的影片。

▲《左邻右舍》的演员和剧组在墨尔本南郊的一个外景地进行拍摄。这部剧已经上演了将近40年

土著人权利

遭受数个世纪虐待后的今天，
澳大利亚土著人仍在为他们的权利而斗争

凯瑟琳·马什

围绕澳大利亚土著人的权利，总在进行着一场艰苦卓绝的斗争。无论是加拿大、美国还是澳大利亚，欧洲白人殖民者的进入始终意味着对那里原住民的征服。而在澳大利亚，土著人和托雷斯海峡岛民正在自己世代繁衍生息的祖国为争取自身平等而战。

直到1967年公投，土著人才被纳入澳大利亚人口普查的范围。在此之前，根本没把他们算作澳大利亚或英联邦公民，从而导致联邦政府没有为他们立法。事实上，早在澳大利亚原住民之前，类似猫狗这样的动物就已经纳入了人口普查的视线。

然而，被算作澳大利亚公民远未给土著人争取权利的斗争画上句号。澳大利亚原住民和托雷斯海峡岛民仍然没有得到澳大利亚宪法的正式承认，他们的健康、教育、经济和就业状况根本无法和白人相提并论。

这是几个世纪以来百般压迫的结果。给澳大利亚国家形象抹黑的是，2007年联合国提出并通过《土著人民权利宣言》时，澳大利亚是4个投票反对的国家之一。虽然两年后澳大利亚政府公开批准了该宣言，但在对待土著人口的方式上没有发生丝毫改变。制度性种族主义在全澳各地盛行，许多人只能逆来顺受。比方说在现有医疗

体系里寻医问诊,等到最后的往往是土著人。他们甚至连医生都见不上一面便被告知以后再来。

当然,这种对土著人和托雷斯海峡岛民产生长期负面影响的殖民顽症也并非没有在一定程度上得到解决。1992年6月3日,澳大利亚高等法院裁定艾迪·马博等托雷斯海峡岛民拥有默里(Murray)岛的所有权。如今,人们再次正本清源,把殖民者所起的名称"艾尔斯岩"改回到"乌鲁鲁"。同时,也已经有人发表演讲,向澳大利亚土著人过去受到的虐待致歉。

然而,为争取土著人和托雷斯海峡岛民应有的权利,人们的面前仍有一座座险峰等着攀登。土著人权利问题的解决当然不能指望一蹴而就,但的确需要列入议事日程。

▲ 在澳大利亚,针对土著人的种族主义一直阴魂不散。从图片可见,1947年开始实行的澳大利亚"同化政策"后果昭然若揭。图下文字说明:三代人(自右至左):1. 1/2血统(父亲是爱尔兰裔澳大利亚人,母亲是地道土著人);2. 1/4血统(父亲是澳大利亚出生的苏格兰裔父母所生,右一是其母亲);3. 1/8血统(父亲是爱尔兰裔澳大利亚人,右二是其母亲)

▲ 土著艺术家哈罗德·托马斯(Harold Thomas)于1971年设计的原住民旗帜,通常与澳大利亚国旗和托雷斯海峡岛民旗帜一起悬挂

▼ 乌鲁鲁是该地区原住民皮坚加加拉族的圣地

名人堂：澳大利亚土著人

走近那些战胜偏见、成就非凡的土著人

阿奇·罗奇

1956 年至今

阿奇·罗奇（Archie Roach）是一位屡获殊荣的音乐家、歌手、作曲家和吉他手。1990年的专辑《木炭巷》（*Charcoal Lane*）为其赢得了两项澳大利亚唱片业协会（ARIA）大奖，并于1992年成为《滚石》杂志发布的五十大最佳专辑之一。他最著名的歌曲《盗儿》的灵感就来自其自身"被偷一代"的经历。当时，众多澳大利亚土著儿童被强行带离他们的家庭。这首歌获得了人权成就奖。这是历史上歌曲创作者首次获此大奖。

▲ 走遍世界的罗奇已经发行了4张专辑

> 纳马吉拉的画作被送往伦敦，赠与伊丽莎白公主。

阿尔伯特·纳马吉拉

1902—1959 年

阿尔伯特·纳马吉拉是一位功成名就的艺术家。在观看了雷克斯·巴塔比等欧洲画家的画展后，他对西方艺术产生了浓厚的兴趣。纳马吉拉提出愿意为巴塔比牵驼坠蹬，以换得跟他学习绘画的机会。两个月后，他便成了一名著名的水彩画家，在澳大利亚各地举办画展。他的风景作品展示了澳大利亚的原始之美。由于艺术成就斐然，他成为第一个被授予澳大利亚公民身份的土著人。

◀ 纳马吉拉一生绘制了大约2000幅画作，深得英国女王伊丽莎白二世的赏识

▲ 在为原住民争取完全公民身份的斗争中，努努卡尔是位关键人物

乌奇鲁·努努卡尔
1920—1993 年

13岁辍学的努努卡尔起初在布里斯班做保姆。1941年，她进入澳大利亚陆军女子勤务团（AWAS），担任总机接线员，1943年退役。自20世纪50年代努努卡尔开始写诗。第一本诗集《我们要去》使她成为澳大利亚最畅销的诗人之一。她也是第一位出版诗集的澳大利亚土著人。她的诗歌带有强烈的政治色彩，在推动人们承认土著人权利方面发挥了重要作用。

威廉·兰恩
1835—1869 年

威廉·兰恩（William Lanne）又名比利国王（King Billy），被称为塔斯马尼亚岛上最后一位"纯血统"土著男人。皇家外科医师学院和塔斯马尼亚皇家学会都想检验他的遗体，随后的争执导致他在死后被斩首，头骨被盗，手脚被砍掉，以防采集标本。这种令人不寒而栗的虐尸促使有关方面通过立法，规定医学实验必须事先获得许可方能进行。

▲ 由于当时太小，兰恩记不起他的土著名字，只记得教名威廉

▲ 大卫·乌纳伊蓬的家人提出索赔，称银行未经许可而使用了他的肖像

大卫·乌纳伊蓬
1872—1967 年

牧师、发明家、作家大卫·乌纳伊蓬（David Unaipon）是50澳元货币上的人物，为科学和文学做出了巨大贡献。这位澳大利亚的达·芬奇最著名的发明是一种改良的羊毛手剪，它彻底改变了羊毛产业。乌纳伊蓬在其有生之年提交了19项发明专利，其中包括离心电机和仿回力镖直升机设计。

伊文·古拉贡·考利

1951 年至今

用苹果箱板当球拍的伊文·古拉贡·考利（Evonne Goolagong Cawley）一直梦想着打进温布尔登网球公开赛。在邻居们的鼓励下，古拉贡14岁时搬到悉尼接受网球训练。18岁挺进温布尔登网球公开赛的她被安排在中央球场比赛，对一个名不见经传的球员来讲，这在当时闻所未闻。古拉贡共赢得92场职业锦标赛的冠军，在有史以来女子单打大满贯得主名单中排名第12位，与美国网球巨星大威廉姆斯（Venus Williams）不相上下。目前，她担任埃文·古拉贡基金会主席一职。

▲ 赢得1971年荷兰网球公开赛后的古拉贡

范妮·科克伦·史密斯

1834—1905 年

1876年，范妮·科克伦·史密斯（Fanny Cochrane Smith）被确认为塔斯马尼亚岛上最后一位"纯血统"土著妇女。她从政府那里获得了120公顷的土地和50英镑的津贴。她为自己是最后一位能流利讲本族语言的人而感到自豪。她的传统歌曲、舞蹈和故事总能吸引人们前来欣赏。1899年和1903年，她用蜡筒录音，把仅存的塔斯马尼亚土著语言和传统歌曲记录在案。

凯西·弗里曼

1973 年至今

1990年，作为4×100米接力的一棒，16岁的弗里曼成为第一位摘得英联邦运动会金牌的澳大利亚土著人。4年后，弗里曼又获得了一枚金牌。在绕场一周接受观众欢呼时，她同时挥舞着土著人旗帜和澳大利亚国旗，为此遭到谴责。为抗议澳大利亚对土著人民的虐待，有关团体要求弗里曼抵制2000年悉尼奥运会，但被她断然拒绝。作为澳大利亚参赛的唯一田径选手，弗里曼为澳大利亚捧回了400米金牌，从而成为澳大利亚第100枚奥运金牌获得者。她再度骄傲地向现场观众挥舞起那两面旗帜。弗里曼的运动成就让世人注意到澳大利亚原住民每天直面的种族偏见。

内维尔·邦纳

1922—1999 年

内维尔·邦纳（Neville Bonner）出生在土著保护区，母亲去世后搬到昆士兰州。1960年，他加入单一澳大利亚人联盟（OPAL），担任主席数年。应邀加入自由党后，邦纳于1971年当选为第一位澳大利亚原住民议员。他经常用良知投票，成为在澳大利亚土著问题上受人尊敬的发言人。

▲ 家门寒酸的邦纳几乎没有受过正规教育

艾迪·科伊奇·马博

1936—1992 年

在欧洲殖民者定居澳大利亚之前，他们宣称这里是无主地（Terra Nullius），并利用这一原则剥夺澳大利亚原住民所赖以生存的土地。1982年，以艾迪·科伊奇·马博（Eddie Koiki Mabo）为首的5名梅里亚姆族人诉诸法律，索要托雷斯海峡传统领地的所有权。10年后，一项有利于原住民拥有土地所有权的裁决生效，废除无主地，从此为澳大利亚各地原住民土地所有权建立了法律先例。遗憾的是，裁决未出马博身先去。人们用梅里亚姆族首领才能享受到的葬礼形式将其安葬。

墓碑遭到破坏后，马博被重新安葬在他的故土默里岛上

每年6月3日是马博日。人们会在这一天纪念艾迪·马博一生所取得的成就。

图片所属

38—39页	© Corbis; Alamy; Getty; Looka and Learn; Thinkstock; Mary Evans; Ian Moores Graphics
40页	© Getty images, Wiki images
50—51页	© Getty, Wiki images
62—65页	© Getty images
73—75页	© Alamy, Getty Images
76页	© Alamy, Wiki images
83页	© Getty Images
85—87页	© Getty images, Wiki images
89—91页	© Alamy, Wiki images
94—97页	© Images: Alamy, Australian War Memorial, Getty, TopFoto
99页	© Wiki images
104页	© Ed Crooks
107页	© Image: Jennifer Marshall
112—117页	© Images: Capt. F. Hurley, Lieut P. V. Ryan, State Library of Queensland, Mitchell Library, State Library of New South Wales
12—125页	© Mary Evans, TopFoto
136—139页	© Alamy, Wiki images
140页	© Alamy, Getty, Rex Features
143—144页	© Illustration: Rebekka Hearl
152页	© Wiki images
158页	© Getty images
165页	© Getty images, Wiki images
166—169页	© Getty Images, Rex Features